OSTA

人力资源和社会保障部职业技能鉴定

汽车修理工

（中级）

国家职业技能鉴定 考核指导

人力资源和社会保障部职业技能鉴定中心　编写

中国石油大学出版社
CHINA UNIVERSITY OF PETROLEUM PRESS

图书在版编目(CIP)数据

汽车修理工(中级)国家职业技能鉴定考核指导 / 人力资源和社会保障部职业技能鉴定中心编写 . —东营：中国石油大学出版社，2014.3

ISBN 978-7-5636-4239-7

Ⅰ. ①汽… Ⅱ. ①人… Ⅲ. ①汽车—车辆修理—职业技能—鉴定—自学参考资料 Ⅳ. ① U472.4

中国版本图书馆 CIP 数据核字(2014)第 040772 号

书　　名：汽车修理工(中级)国家职业技能鉴定考核指导
作　　者：人力资源和社会保障部职业技能鉴定中心

责任编辑：潘海源(电话 0532—86981537)

出 版 者：中国石油大学出版社(山东 东营　邮编 257061)
网　　址：http://www.uppbook.com.cn
电子信箱：haiyuanpan@163.com
印 刷 者：沂南县汶凤印刷有限公司
发 行 者：中国石油大学出版社(电话 0532—86983584，86983437)
开　　本：185 mm × 260 mm　印张：8.75　字数：224 千字
版　　次：2014 年 5 月第 1 版第 1 次印刷
定　　价：19.50 元

汽车修理工（中级）
国家职业技能鉴定考核指导

本书编写人员

执行主编　杨晓勤

执行副主编　李　政

编　　者　（按姓氏笔画排序）

马新芳　卢　捷　田　君　刘　阳　李　明

李　政　杨晓勤　柴楚乔　韩雪冰　薛晓宇

主　　审　王亦农

审　　稿　齐连生

序 Preface

推进职业教育改革和发展，是实施科教兴国、人才强国战略，促进经济社会可持续发展和提高我国国际竞争力的重要途径；是加快人力资源开发、全面提升劳动者素质和发展先进生产力的必然要求；是增强劳动者就业能力、创业能力和促进素质就业的重要举措。在推进职业教育改革和发展的过程中，职业教育课程体系改革具有重要作用。传统的职业教育课程受到以理论知识为中心的教育体系的严重影响，忽略了职业活动实际操作过程和技能要求，导致劳动者在就业过程中不能学以致用，也使用人单位难以在现行教育体系中直接选用合格的技能人才。针对这些问题，人力资源和社会保障部经过多年的系统研究，并对国内外职业培训实践进行深入总结，确立了职业教育培训与企业生产和促进就业紧密联系的技能人才培养体系，划清了学科教育和职业教育的界限，提出了职业教育培训不是以学科体系为核心的教育模式，而是以生产活动的规律为指导、以岗位需求为导向、以服务就业为宗旨的技能人才培养发展路线，从而为我国的技能人才振兴发展提供了有力保障。

坚持“以职业活动为导向，以职业能力为核心”的指导原则，不仅要厘清职业教育与学科性教育在技术和方法上的区别，而且要在职业教育和职业训练中把生产实践活动的规律具体化，把职业活动各个环节标准化，把职业技能鉴定的技术科学化和规范化，以实现“从工作中来，到工作中去”，坚持“在工作中学习，在学习中工作”，形成以学校与用人单位携手联合，理论课程与实训项目紧密结合为基础的工学一体化的教学体系和评价体系。充分体现职业技能鉴定以学员为主体，突出以职业活动为导向的基本原则。

为服务职业培训和技能人才评价工作，保证国家职业技能鉴定考核的科学、公平、公正，人力资源和社会保障部在国家职业技能标准框架下，分职业工种和等级，建立了职业技能鉴定理论知识和操作技能国家题库。目前，国家题库资源已经覆盖近300个社会通用职业工种，行业特有职业工种题库也达到280余个，这些题库资源基本满足了全国职业技能鉴定工作的需要。人力资源和社会保障部中国就业培训技术指导中心（职业技能鉴定中心）作为全国技能人才评价工作的技术支持机构，在职业技能标准开发、职业培训课程建设等方面发挥了重要作用。

国家职业技能鉴定考核指导丛书，依据国家职业技能标准和国家题库，主要介绍国家题库的命题思路，展现国家职业技能鉴定的考核形式和题型题量，帮助考生熟悉鉴定命题基本内容和考核要求，提高学校、培训机构辅导和学员学习、复习的针对性。

我们期待该丛书的出版，能够推进职业教育课程改革，能够更好地服务于技能人才培养、服务于就业工作大局，为我国的技能振兴和发展做出贡献。

人力资源和社会保障部职业技能鉴定中心

主任 刘康

目 录

Contents

第一部分 理论知识

第二部分 操作技能

第一部分 理论知识

第一章 考情观察

考核思路

根据《汽车修理工国家职业标准》的规定，汽车修理工是使用工、夹、量具，仪器仪表及检修设备进行汽车维护、修理和调试的人员，从理论上明确汽车修理工职业功能，掌握汽车修理工(中级)的工作内容。中级汽车修理工主要考核范围包括职业道德、基础知识、汽车发动机维护作业、汽车发动机修理及故障诊断、汽车底盘维护、汽车底盘故障诊断与排除、汽车电气设备维护与故障排除。

1. 命题的总体原则

(1) 中级的理论知识要求覆盖初级的理论知识。

(2) 注重基本知识和基本能力的理解与掌握，不出偏题和难题。

(3) 考核内容要充分考虑我国企业的现状和发展趋势，以及汽车修理工(中级)的特点和目前整体的管理水平。

2. 理论知识鉴定的命题原则

(1) 实事求是地反映《汽车修理工国家职业标准》所提出的对汽车修理工(中级)的各项要求。

(2) 注重理论知识对职业能力的支撑作用，强调实际工作中汽车修理工(中级)必备的知识，避免理论化或学科化倾向。

(3) 坚持科学性、适用性、一致性、通用性和先进性原则，既考虑到当前我国汽车维修企业的管理水平，又体现出理论知识的超前性。

组卷方式

理论知识国家题库采用计算机自动生成试卷，即计算机按照本职业等级的《理论知识鉴定要素细目表》的结构特征，使用统一的组卷模型，从题库中随机抽取相应试题组成试卷。有的地方还有特色题库，可以按规定比例和国家题库一起组卷。试卷组成后，应经专家审核，更换不适用的试题。

试卷结构

理论知识考试实行百分制,采用闭卷笔试方式,成绩达到60分以上为合格。试卷的结构以《汽车修理工国家职业标准》和《中华人民共和国职业技能鉴定规范》为依据,并充分考虑当前我国社会生产力发展水平和中级汽车修理工在知识、能力和心理素质等各方面的要求。试题以中等难度为主,约占试题总量的70%;难度低的试题约占20%;难度高的试题约占10%。

基本结构:理论知识考试满分为100分。题型主要有选择题和判断题。其具体的题型、题量与分配方案见表1-1-1。内容包括"职业道德"、"基础知识"、"发动机维修作业"、"发动机修理及故障诊断"等部分,各部分所占鉴定比重和鉴定点配置情况可参见表1-1-2。

表1-1-1 汽车修理工(中级)理论知识试卷题型、题量与分配方案

题 型	试题数量(配分)	分 数
选择题	160题(0.5分/题)	80分
判断题	40题(0.5分/题)	20分
总 分	100分(200题)	

表1-1-2 汽车修理工(中级)理论知识各部分所占鉴定比重及鉴定点配置情况

鉴定范围(一级)	鉴定范围(二级)	鉴定范围(三级)	鉴定比重/%	鉴定点数量
基本要求	职业道德	职业道德基础知识	3	11
		职业守则	2	9
	基础知识	钳工基础知识	1	2
		汽车机械基础知识	1	4
		电工、电子基础知识	1	4
		液压传动	1	10
		汽车维修机具的性能和使用	1	2
		汽车构造	1	2
		汽车电气设备与电子控制装置	1	10
		安全生产与环境保护知识	1	2
		质量管理知识	1	2
		相关法律、法规知识	1	2
相关知识	发动机维护作业	二级维护前发动机的检测项目与附加作业的确定	3	8
		发动机二级维护作业	2	7
	发动机修理及故障诊断	零件的检验与分类	3	9
		气缸盖与配气机构的检修	2	5
		气缸体与曲柄连杆机构的检修	3	8
		燃油与进气系统的检修	5	12
		冷却润滑系统的检修	3	7

续表 1-1-2

鉴定范围(一级)	鉴定范围(二级)	鉴定范围(三级)	鉴定比重/%	鉴定点数量
相关知识	发动机修理及故障诊断	点火系统的维修	5	11
		发动机故障诊断与排除	7	24
	汽车底盘维护	二级维护前底盘的检测与附加作业的确定	3	13
		底盘二级维护附加作业	2	2
	汽车底盘故障诊断与排除	离合器的检修	2	4
		手动变速器的检修	2	6
		自动变速器的检修	2	4
		驱动桥的检修	2	5
		万向传动装置的检修	2	3
		机械转向器的检修	2	3
		汽车行驶系统的检修	2	4
		汽车制动系统的检修	4	16
		汽车底盘故障诊断与排除	10	30
	汽车电气设备维护与故障排除	二级维护前汽车电气设备的检测与附加作业确定	2	5
		汽车电气二级维护附加作业	2	7
		启动机的检修	2	3
		发电机的检修	2	3
		空调制冷系统的检修	3	8
		仪表的检修	1	4
		电气设备故障诊断与排除	7	24
合计			100	295

考核时间与要求

(1) 考核时间。按《汽车修理工国家职业标准》的要求,本职业中级理论知识考试时间为120 min。

(2) 考核要求。达到《汽车修理工国家职业标准》(中级)规定的理论知识、工作内容及职业要求。考生应根据具体考试要求作答。

应试技巧及复习方法

考生要取得理想的成绩,通过认真的学习和复习来掌握考试要求的知识、理论是必要条件。可通过熟练掌握各个单元考核要点,结合各考核要点进行仿真训练,同时把握命题视角、答题要求和答题技巧等,提升考生应考能力,以下几点意见和建议仅供考生参考。

1. 考前复习方法

(1) 做到全面、系统和深入学习与复习,掌握重要的鉴定点。

(2) 注重理解,加强记忆。

(3) 讲究方法,提高效率。

(4) 劳逸结合,全力备考。

2. 应试技巧

(1) 考试命题的视角。

理论知识试题包括单项选择题和判断题,均为标准化试题,主要考查考生对汽车修理工(中级)涉及的一些与汽车维修相关基础知识、基本理论的掌握程度,考查考生对汽车基础理论知识的掌握程度;考查考生对汽车维修知识的掌握程度。

(2) 考生答题时的注意事项。

如前所述,中级汽车修理工理论知识考试所包含的题目类型有单项选择题和判断题。这就要求考生明确各类题型的答题要求,并掌握评分标准。

① 单项选择题的答题要求:每小题的备选答案中,只有一个最符合题意。这就是说,每小题只能选择一个答案,选两个以上(尽管正确的也被选中了)将被视作错误,不得分。

② 判断题的答题要求:不同于选择题有参考和对比选项,要求考生概念掌握准确。

(3) 答题技巧。

① 紧扣题目要求回答问题。选择题的得分在于选项的准确性,而判断题更要求概念准确,靠蒙是得不到好成绩的。

② 做题时要紧扣教材内容。一般情况下,试题中出现的概念或提法均出自教材,模棱两可、有争议的概念是不会出现的。而试题的答案肯定符合教材所阐述的概念、原理、原则等内容,因此选择题的一些干扰选项尽管看起来好像是对的,如若不符合教材的观点,一定不是正确答案,而考生在回答各种技能题时,内容也一定要来自教材,运用教材中所阐明的概念、理论与方法来答题。在学习时要把教材理解透彻,并且能够举一反三。

第二章　知识架构

根据《汽车修理工国家职业标准》和中级汽车修理工《理论知识鉴定要素细目表》的要求，从便于学习和掌握知识的角度出发，特将中级汽车修理工应掌握的理论知识划分为7个单元，根据个单元理论知识搭建的网络架构如下图所示：

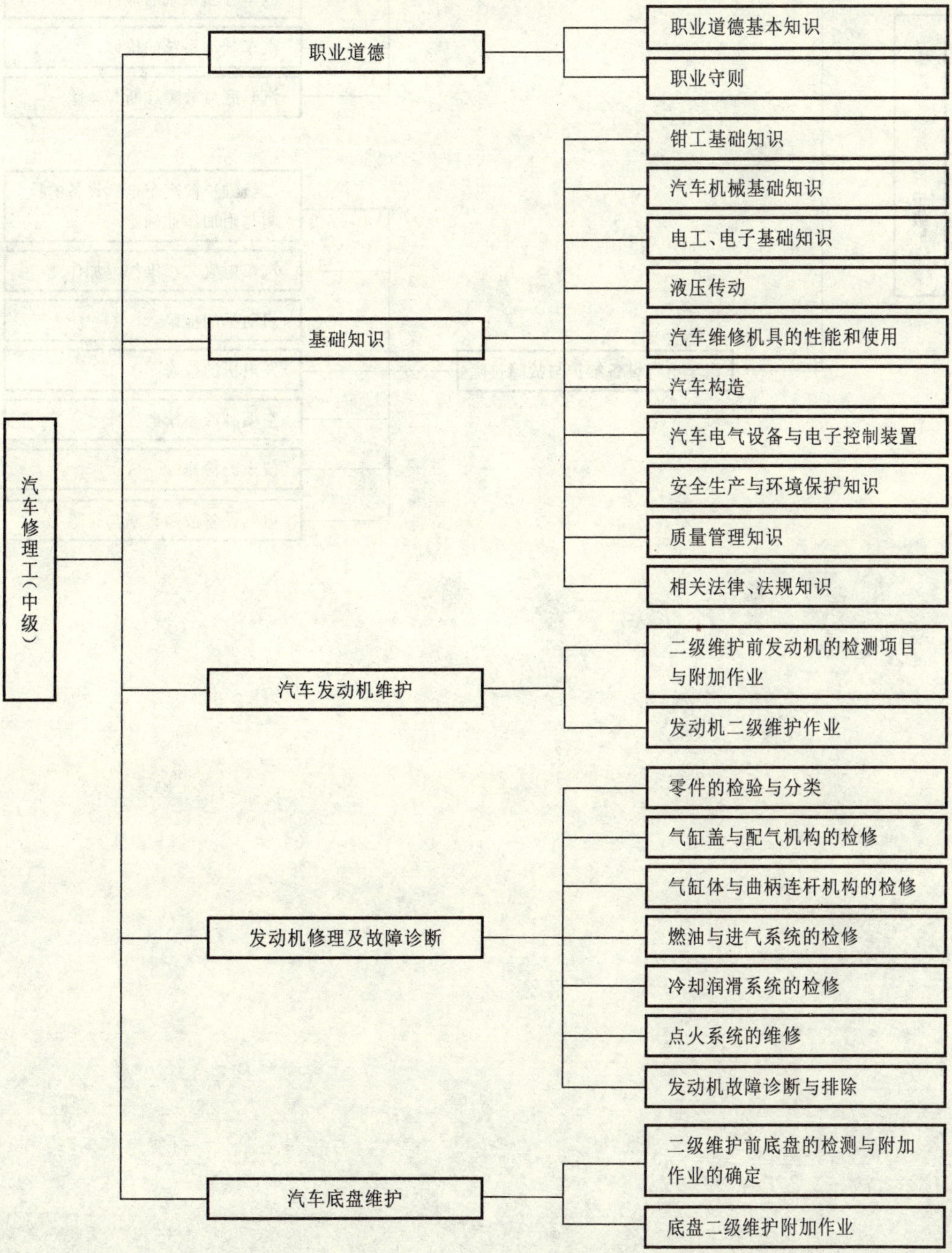

- 汽车修理工(中级)
  - 汽车底盘故障诊断与排除
    - 离合器的检修
    - 手动变速器的检修
    - 自动变速器的检修
    - 驱动桥的检修
    - 万向传动装置的检修
    - 机械转向器的检修
    - 汽车行驶系统的检修
    - 汽车制动系统的检修
    - 汽车底盘故障诊断与排除
  - 汽车电气设备维护与故障排除
    - 二级维护前汽车电气设备的检测与附加作业确定
    - 汽车电气二级维护附加作业
    - 启动机的检修
    - 发电机的检修
    - 空调制冷系统的检修
    - 仪表的检修
    - 电气设备故障诊断与排除

第三章　考核解析

第一单元　职业道德

学习目标

（1）熟悉职业道德的概念与特征。

（2）熟悉职业守则。

考核要点

考核类别	考核范围	考　核　点	重要程度
职业道德	职业道德基本知识	道德的含义	★★★
		道德的本质	★★★
		道德的职能	★★
		职业道德	★★★
	职业守则	认真严谨，忠于职守	★★★
		勤奋好学，不耻下问	★★★
		钻研业务，勇于创新	★★★
		爱岗敬业，遵纪守法	★★★

考点导航

一、职业道德基本知识

（1）职业的概念：职业是人们在社会中所从事的，以此为生的具有特定职责的专门性工作。

（2）职业的特征：一是谋生的手段，即必需性；二是职责特定，即专门性。

（3）职业道德的概念：是指人们在从事某种职业、履行职责过程中，在思想和行为上所必须遵循的行为准则和道德规范的总和。

（4）职业道德行为养成的途径和方法。

① 在日常生活中培养；② 在专业学习中训练；③ 在社会实践中体验；④ 在自我修养中提高；⑤ 在职业活动中强化。

二、职业守则

（1）遵守法律、法规和有关规定。

(2) 爱岗敬业,忠于职守,自觉履行各项职责。

(3) 工作认真负责,严于律己。

(4) 刻苦学习,钻研业务,努力提高思想和科学文化素质。

(5) 谦虚谨慎,团结协作,主动配合。

(6) 严格执行工艺文件,保证质量。

(7) 重视安全、环保,坚持文明生产。

仿真训练

一、单项选择题(请将正确选项的代号填入题内的括号中)

1. 职业道德是一种(　　)的约束机制。

A. 强制性　　B. 非强制性　　C. 随意性　　D. 自发性

2. 市场经济条件下,职业道德最终将对企业起到(　　)的作用。

A. 决策科学化　　B. 提高竞争力　　C. 决定经济效益　　D. 决定前途与命运

3. 职业道德通过(　　),起着增强企业凝聚力的作用。

A. 协调员工之间的关系　　B. 增加职工福利

C. 为员工创造发展空间　　D. 调节企业与社会的关系

4. 在商业活动中,不符合待人热情要求的是(　　)。

A. 严肃待客,表情冷漠　　B. 主动服务,细致周到

C. 微笑大方,不厌其烦　　D. 亲切友好,宾至如归

5. 对待职业和岗位,(　　)并不是爱岗敬业所要求的。

A. 树立职业理想　　B. 干一行爱一行专一行

C. 遵守企业的规章制度　　D. 一职定终身,不改行

6. 市场经济条件下,(　　)不违反职业道德规范中关于诚实守信的要求。

A. 通过诚实合法劳动,实现利益最大化　　B. 打进对手内部,增强竞争优势

C. 根据服务对象来决定是否遵守承诺　　D. 凡有利于增大企业利益的行为就做

7. 办事公道是指从业人员在进行职业活动时要做到(　　)。

A. 追求真理,坚持原则　　B. 有求必应,助人为乐

C. 公私不分,一切平等　　D. 知人善任,提拔知己

8. 下列关于勤劳节俭的论述中,说法正确的是(　　)。

A. 勤劳一定能使人致富　　B. 勤劳节俭有利于企业持续发展

C. 新时代需要巧干,不需要勤劳　　D. 新时代需要创造,不需要节俭

9. 企业生产经营活动中,要求员工遵纪守法是(　　)。

A. 约束人的体现　　B. 保证经济活动正常进行所决定的

C. 领导者人为的规定　　D. 追求利益的体现

10. 企业生产经营活动中,促进员工之间平等尊重的措施是(　　)。

A. 互利互惠,平均分配　　B. 加强交流,平等对话

C. 只要合作,不要竞争　　D. 人心叵测,谨慎行事

11. 关于创新的论述正确的是(　　)。

A. 不墨守成规,但也不可标新立异

B. 企业经不起折腾，大胆地闯早晚会出问题
C. 创新是企业发展的动力
D. 创新需要灵感，但不需要情感

12. 职业道德是指从事一定职业劳动的人们，在长期的职业活动中形成的（　　）。
A. 行为规范　　B. 操作程序　　C. 劳动技能　　D. 思维习惯

13. 下列选项中属于职业道德作用的是（　　）。
A. 增强企业的凝聚力　　B. 增强企业的离心力
C. 决定企业的经济效益　　D. 增强企业员工的独立性

14. 职业道德与人的事业的关系是（　　）。
A. 有职业道德的人一定能获得事业成功
B. 没有职业道德的人不会获得成功
C. 事业成功的人往往具有较高的职业道德
D. 缺乏职业道德的人往往更容易获得成功

15. 市场经济条件下，不符合爱岗敬业要求的是（　　）的观念。
A. 树立职业理想　　B. 强化职业责任　　C. 干一行爱一行　　D. 多转行多受锻炼

16. 要做到办事公道，在处理公私关系时，要（　　）。
A. 公私不分　　B. 假公济私　　C. 公平公正　　D. 先公后私

17. 下列关于勤劳节俭的论述中，不正确的选项是（　　）。
A. 企业可提倡勤劳，但不宜提倡节俭　　B.“一分钟应看成是八分钟”
C. 勤劳节俭符合可持续发展要求　　D.“节省一块钱，就等于净赚一块钱”

18. 下列选项中属于职业道德范畴的是（　　）。
A. 企业经营业绩　　B. 企业发展战略　　C. 员工的技术水平　　D. 人们的内心信念

19. 为了促进企业的规范化发展，需要发挥企业文化的（　　）功能。
A. 娱乐　　B. 主导　　C. 决策　　D. 自律

20. 爱岗敬业的具体要求是（　　）。
A. 看效益决定是否爱岗　　B. 转变择业观念
C. 提高职业技能　　D. 增强把握择业的机遇意识

21. 下列选项中（　　）是企业诚实守信的内在要求。
A. 维护企业信誉　　B. 增加职工福利　　C. 注重环境效益　　D. 开展员工培训

22. 下列选项中属于企业文化功能的是（　　）。
A. 整合功能　　B. 技术培训功能　　C. 科学研究功能　　D. 社交功能

23. 下列说法中，不符合语言规范具体要求的是（　　）。
A. 语感自然，不呆板　　B. 用尊称，不用忌语
C. 语速适中，不快不慢　　D. 多使用幽默语言，调节气氛

二、判断题（对的画“√”，错的画“×”）

（　　）1. 企业文化的功能包括娱乐功能。
（　　）2. 事业成功的人往往具有较高的职业道德。
（　　）3. 企业文化对企业具有整合的功能。
（　　）4. 在职业活动中做到表情冷漠、严肃待客是符合职业道德规范要求的。

(　　)5. 在职业活动中一贯地诚实守信会损害企业的利益。
(　　)6. 在日常接待工作中,对不同服务对象态度应一视同仁,真诚热情。
(　　)7. 服务也需要创新。
(　　)8. 职业纪律中包括群众纪律。

参考答案

一、单项选择题

1. B　2. B　3. A　4. A　5. D　6. A　7. A　8. B　9. B　10. B
11. C　12. A　13. A　14. C　15. D　16. C　17. A　18. C　19. D　20. C
21. C　22. A　23. D

二、判断题

1. ×　2. √　3. √　4. ×　5. ×　6. √　7. √　8. √

第二单元　基础知识

学习目标

(1)熟悉钳工常用工具及作业方法。
(2)了解汽车常用材料应用。
(3)熟悉机械、电工电子、液压基础知识。
(4)了解汽车维修机具的性能和使用方法。
(5)掌握汽车构造知识。
(6)熟悉安全生产、环保、质量管理及相关法律法规基础知识。

考核要点

考核类别	考核范围	考　核　点	重要程度
基础知识	钳工基础知识	钳工常用设备	★★★
		钳工操作基础知识	★★
	汽车机械基础知识	汽车常用金属材料的种类	★★
		合金的主要用途	★★★
		汽车运行材料的使用性能	★★★
		机械识图相关知识	★★★
	电工、电子基础知识	正弦交流电基础知识	★★★
		电路基本元件的名称与代号	★★
		单相直流稳压电源的组成	★★
		三桥式整流电路的组成	★★★

续表

考核类别	考核范围	考　核　点	重要程度
基础知识	液压传动	液压传动基础知识	★★★
		液压传动在汽车上的应用	★★★
	汽车维修机具的性能和使用方法	举升器的正确使用	★★★
		汽车维修机械拆卸、安装工具	★★
	汽车构造	汽车的总体构造及性能参数	★★★
		发动机构造	★★★
		底盘构造	★★★
	汽车电气设备与电子控制装置	汽车电源系统	★★★
		启动机的功用、类型与组成	★★
		汽车电气辅助装置的功用、类型及组成	★★★
		汽车照明系统	★★
		汽车常用传感器	★★
		汽车空调	★★★
	安全生产与环境保护知识	汽车维修作业安全操作规程	★★★
		汽车修理环保知识	★★
	质量管理知识	质量管理的性质与特点	★★
		质量管理的基本方法	★★
	相关法律、法规知识	合同法相关知识	★★
		质量管理法相关知识	★★

考点导航

一、钳工基础知识

（1）掌握钳工常用测量仪表（游标卡尺、千分尺、百分表、内径百分表）的组成结构、分类、精度和使用方法。

（2）钳工常用工具与设备（台虎钳、螺钉旋具、扳手、砂轮机）的组成结构、分类、规格和使用方法。

（3）钳工操作规程：掌握划线、錾削、锯削、锉削、钻孔、铰孔、刮削、研磨等操作规程。

二、汽车机械基础知识

1. 金属材料的力学性能

掌握金属材料的强度、硬度、塑性、韧性和疲劳强度等力学性能。

2. 金属材料的工艺性能

掌握金属材料的可铸性、可锻性、可焊性、切削性、延展性、耐磨性和淬透性等工艺性能。

3. 汽油的牌号、性能及选用

掌握汽油的使用性能、牌号和选用以及使用时的注意事项。

4. 柴油的牌号、性能及选用

掌握轻柴油的使用性能、牌号及选用方法。

5. 汽车用润滑油的牌号、性能及选用

(1) 掌握发动机机油的性能、分类、牌号和选用方法。

(2) 掌握齿轮油的性能、分类、牌号和选用方法。

6. 汽车用润滑脂

掌握汽车用润滑脂的性能、分类及选用方法。

7. 汽车常用工作液的性能、分类、牌号及选用

(1) 制动液的性能、分类、牌号及选用方法。

(2) 发动机冷却液的性能、牌号及选用方法。

(3) 液力传动油的性能、牌号及选用方法。

8. 轮胎

(1) 轮胎的分类:① 有内胎充气轮胎;② 无内胎充气轮胎。

(2) 充气轮胎的结构组成及应用。

(3) 轮胎的规格。

9. 轴承的类型、结构与代号

(1) 滑动轴承的类型与代号。

(2) 滚动轴承的类型与代号。

10. 螺纹

(1) 螺纹的种类。

(2) 螺纹代号与标记。

(3) 螺纹的加工:① 丝锥;② 铰杠;③ 套螺纹。

11. 机械识图相关知识

(1) 图样知识:① 立体图;② 视图。

(2)《机械制图》国家标准的基础知识:① 图线;② 图纸幅面、格式及比例;③ 标题栏;④ 字体;⑤ 尺寸标注。

(3) 零件的表达方法。① 零件视图:a. 基本视图;b. 局部视图;c. 旋转视图。② 剖视图。③ 剖面图。

三、电工与电子基本知识

(1) 电的概念。

(2) 电流:① 电流的形成;② 电流强度。

(3) 电压。

(4) 电阻和电阻器。

(5) 电路:① 电路的组成;② 电路的状态。

(6) 串联电路的特点。

① 串联电路中流经每个电阻的电流都相等,即,$I = I_1 = I_2 = I_3 = \cdots = I_n$。

② 电阻串联后的等效电阻(总电阻)等于分电阻的总和,即 $R = R_1 + R_2 + R_3 + \cdots + R_n$。

③ 总电阻两端的总电压等于各个电阻两端的电压之和,即 $U = U_1 + U_2 + U_3 + \cdots + U_n$。

(7) 并联电路的特点。

① 电路中各支路两端的电压相等，即 $U = U_1 = U_2 = U_3 = \cdots = U_n$。

② 电路中总电阻的倒数等于各支路电阻倒数之和。即 $1/R = 1/R_1 + 1/R_2 + 1/R_3 + \cdots + 1/R_n$。

③ 电路中的总电流等于各支路的电流之和，即 $I = I_1 + I_2 + I_3 + \cdots + I_n$。

(8) 欧姆定律。

(9) 电功。

(10) 电功率。

(11) 电流的热效应。

(12) 电容器：① 电容器的电容；② 电容器的充电与放电；③ 电容器的种类与选用方法。

(13) 磁场的概念：① 磁性、磁体、磁极；② 磁场与磁力线；③ 电流的磁场；④ 磁化与磁性材料。

(14) 磁场的基本物理量：① 磁感应强度；② 磁通量。

(15) 磁路和磁路定律。

(16) 磁场对电流的作用：① 磁场对通电直导线的作用；② 磁场对通电线圈的作用。

(17) 电磁感应的基本概念：① 电磁感应现象；② 法拉第电磁感应定律；③ 楞次定律；④ 自感；⑤ 互感。

(18) 正弦交流电：

① 正弦交流电的三要素：a. 最大值；b. 角频率；c. 初相位。

② 交流电的有效值。

③ 交流电路。

(19) 交流电路和有关术语。

① 节点：3 个或 3 个以上元件(短路线也应视为元件)的连接点叫做节点。

② 支路：两个节点之间的连接电路叫做支路。

③ 回路：由支路所组成的任何一个闭合路径叫做回路。

④ 网孔：在确定的电路中，不能再分的最简单的回路叫做网孔。

(20) 基尔霍夫第一定律。

(21) 基尔霍夫第二定律。

(22) 半导体特性：① 受温度的影响很大；② 受杂质的影响很大；③ 受光照、电压、磁场的影响很大；④ PN 结的单向导电性。

(23) 晶体二极管：① 二极管的结构；② 二极管的符号。

(24) 晶体三极管：① 三极管的结构；② 三极管的符号；③ 三极管的主要参数。

(25) 晶体管的基本放大电路。

(26) 晶体管开关电路。

(27) 稳压管与稳压电路。

(28) 晶闸管及整流电路。

(29) 逻辑电路的基本原理。

(30) 电工与电子的测量与误差。① 测量的概念；② 测量方法；③ 测量误差；④ 测量误差的消除。

(31) 直流电压、电流的测量。

(32) 交流电压、电流和电阻的测量。

四、液压传动

(1) 液压传动的基本原理。

(2) 液压系统图形符号。

(3) 液压传动系统的组成。① 液压泵。② 液压缸。③ 液压控制阀:a. 压力控制阀;b. 流量控制阀;c. 方向控制阀。④ 液压辅件。⑤ 液压传动的特点。

(4) 液压传动的基本回路。① 压力控制回路:a. 调压回路;b. 减压回路;c. 增压回路。② 速度控制回路。③ 方向控制回路。

(5) 液压传动在汽车上的应用。

五、汽车维修机具的性能和使用

1. 举升器

(1) 作用。

(2) 类型:① 电动式举升器;② 气动式举升器;③ 液压式举升器;④ 电动液压式举升器。

(3) 性能及使用方法。

2. 汽车拆装工具的种类、性能和使用方法

(1) 专用扳手。

(2) 拉器:① 两爪拉器;② 三爪拉器;③ 球轴承拉器;④ 圆锥滚子轴承拉器;⑤ 气缸套筒拉器;⑥ 半轴套管拉器;⑦ 通用拉器。

(3) 活塞环拆装钳。

(4) 气门弹簧拆装钳。

(5) 轮胎螺母拆装机。

3. 车轮平衡机的性能和使用方法

(1) 汽车车轮就车式平衡机的性能。

(2) 汽车车轮就车式平衡机的使用方法:① 前轮静平衡;② 前轮动平衡;③ 后轮静平衡。

4. 汽车清洗设备的种类、性能和使用方法

(1) 刷子式清洗机。

(2) 转盘式清洗机。

(3) 门式清洗机。

(4) 喷射式清洗机。

六、汽车构造

1. 汽车的组成

(1) 发动机。

(2) 底盘:① 传动系;② 行驶系;③ 转向系;④ 制动系。

(3) 车身。

(4) 电气设备。

2. 汽车的布置形式

现代汽车的布置形式通常有以下几种:

(1) 发动机前置后轮驱动(FR)。

(2) 发动机前置前轮驱动(FF)。

(3) 发动机后置后轮驱动(RR)。

(4) 发动机中置后轮驱动(MR)。

(5) 全轮驱动(4WD)。

3. 汽车的主要技术参数

(1) 质量参数:① 整车装备质量;② 最大装载质量;③ 最大总质量;④ 最大轴载质量。

(2) 主要结构参数:① 总长;② 总宽;③ 总高;④ 轴距;⑤ 轮距;⑥ 前悬;⑦ 后悬;⑧ 最小离地间隙;⑨ 接近角;⑩ 离去角。

(3) 性能参数:① 最高车速;② 最大爬坡度;③ 最小转弯半径;④ 百公里等速油耗;⑤ 驱动方式。

4. 发动机构造

(1) 发动机的种类。

(2) 发动机的组成:① 汽油机的组成;② 柴油机的组成。

(3) 发动机的基本术语。

5. 底盘构造

(1) 传动系的功用与组成。

(2) 离合器的功用与组成。

(3) 变速器的功用与组成。

(4) 万向传动装置的功用与组成。

(5) 驱动桥。

(6) 主减速器的功用与组成。

(7) 差速器的功用与组成。

(8) 车桥的功用与组成。

(9) 悬架的功用与组成。

(10) 转向车轮定位。

(11) 转向系。

(12) 制动系。

(13) 驻车制动器的功用与组成。

七、汽车电气设备与电子控制装置

(1) 蓄电池:① 蓄电池的作用;② 蓄电池的组成。

(2) 交流发电机的功用与组成:① 三相同步交流发电机;② 整流器。

(3) 调节器的功用与组成。

(4) 点火系的功用与组成。

(5) 启动机的功用与组成。

(6) 电喇叭。

(7) 电动刮水器。

(8) 汽车空调制冷系统主要部件:① 压缩机;② 冷凝器;③ 储液干燥器;④ 膨胀阀;⑤ 蒸发器。

(9) 电动窗。

(10) 汽车主要传感器。① 温度传感器的类型与功用。② 空气流量传感器的类型与功用:

a. 翼板式空气流量传感器;b. 热线式空气流量传感器;c. 热膜式空气流量传感器。③ 压力传感器的类型与功用。④ 转速和位置传感器的类型与功用。⑤ 氧传感器的类型与功用。

(11) ECU 的功用与组成:① 电控单元的功用;② 电控单元的组成。

(12) 汽车发动机主要执行器:① 电磁继电器;② 步进电动机;③ 点火控制器。

八、安全生产与环保知识

1. 汽车维修作业的安全操作规程

(1) 发动机发动时的安全操作规程。

(2) 车底工作时的安全操作规程。

(3) 使用乙基汽油时的安全操作规程。

(4) 使用蓄电池时的安全操作规程。

2. 钳工作业的安全操作规程

(1) 掌握所用量具、刃具的使用方法与维护方法。

(2) 使用砂轮机时的注意事项。

3. 电工作业的安全操作规程

(1) 人身安全的防护。

(2) 停电检修规程。

(3) 杆上安全操作的注意事项。

4. 火灾隐患与预防

(1) 汽油罐。

(2) 小型汽油罐。

(3) 密闭容器。

(4) 灭火器。

(5) 水。

(6) 卤代烷灭火剂。

5. 火灾安全急救常识

(1) 发生 A 级火灾时可用冷却灭火法,一般把凉水洒在燃烧物上,降低温度直至熄灭。

(2) 发生 B 级火灾的可燃液体是比水轻而又不溶于水的有机化合物,如汽油、轻柴油等,可用泡沫或干粉灭火器扑救。起火初期燃烧面积不大或燃烧物不多时,也可用二氧化碳或“1211”灭火器扑救,但不能用水扑救。

(3) 发生 C 级火灾时应首先切断电源。

(4) 为了最大限度地减少损失,防止火势蔓延和扩大,应对火场的物资进行疏散。急于疏散的物资有:易燃、易爆物资,如汽油、柴油、油桶、充装气体的钢瓶等;重要文件和昂贵物资,如档案资料、高级仪器等。

6. 车辆急救知识

(1) 车辆突然熄火。

(2) 侧滑不稳。

(3) 行驶中轮胎爆坏。

(4) 制动失效、失灵。

(5) 转向失控。

7. 汽车排放物的危害

(1) 一氧化碳(CO)。

(2) 碳氢化合物(HC)。

(3) 氮氧化物(NO_x)。

(4) 光化学烟雾。

(5) 微粒。

8. 汽车排放法规与标准

我国汽车专业的汽车排放法规和标准分为国家标准和地方标准两种。

9. 提高环保意识,加强汽车排放污染防治

现阶段我国防治汽车排放污染有以下几种方法:

(1) 旧车淘汰,规定使用年限。我国规定:"机动车报废年限为15年。"淘汰原有的化油器汽车,避免由于发动机老化而产生的低效率和高污染。

(2) 采用电喷技术提高汽、柴油质量。

(3) 推广使用新能源清洁汽车。

九、质量管理知识

1. 全面质量管理

(1) 全面质量管理的概念。

(2) 全面质量管理的特点:① 全面的质量管理;② 全过程的质量管;③ 全员的质量管理;④ 全面质量管理方法的多样性。

(3) 全面质量管理的基本工作方法:① P阶段,即计划阶段;② D阶段,即实施阶段;③ C阶段,即检查阶段;④ A阶段,即总结阶段。

2. 汽车维修质量管理的方法

(1) 制订质量管理计划。

(2) 建立质量分析制度。

(3) 汽车维修质量的评价。

(4) 汽车修理质量的控制。

十、相关法律法规知识

1. 劳动法

(1) 劳动法概述。

(2) 劳动者的权利和义务。

(3) 劳动合同制度。

(4) 劳动保护制度和社会保险制度。

(5) 劳动争议的处理。

2. 合同法

(1) 合同与合同法的概念。

(2) 合同的法律特征及合同法的基本原则。

3. 产品质量法概述

(1) 产品质量及产品质量法。

(2)产品质量责任和义务。

(3)产品质量的监督管理。

仿真训练

一、单项选择题(请将正确选项的代号填入题内的括号中)

1. 游标卡尺上游标的刻线数越多则游标的(　　)。
A. 结构越小　B. 长度越短　C. 分度值越大　D. 读数精度越高
2. 精度为 0.05 的游标卡尺其游标的刻线格数为(　　)。
A. 10 格　B. 20 格　C. 30 格　D. 40 格
3. 工件尺寸是游标卡尺尺身读出的整毫米数 +(　　)的小数值。
A. 精度值　B. 游标刻度
C. 游标刻度 × 精度值　D. 标刻度 + 精度值
4. 千分尺的读数机构由(　　)组成。
A. 固定套筒和微分套筒　B. 测砧和棘轮
C. 尺架和测砧　D. 尺架和微分套筒
5. 由固定套筒和微分套筒组成千分尺的(　　)。
A. 测力装置　B. 锁紧装置　C. 读数机构　D. 微动机构
6. 使用砂轮机时,砂轮的旋转方向应使磨屑向(　　)飞离砂轮。
A. 左侧　B. 右侧　C. 上方　D. 下方
7. 平面锉削最常用的锉削方法是(　　)。
A. 顺锉法　B. 交叉锉法　C. 推锉法　D. 平锉法
8. 铰完孔后应将铰刀沿(　　)方向退出。
A. 垂直　B. 倾斜 45°　C. 顺时针　D. 逆时针
9. 下列选项中(　　)是指金属材料在无限多次交变载荷作用下不至于发生断裂的最大应力。
A. 抗拉强度　B. 屈服强度　C. 疲劳强度　D. 塑性
10. 下列选项中(　　)是指金属材料是否容易被切削工具进行加工的性能。
A. 可焊性　B. 延展性　C. 切削性　D. 淬透性
11. 黑色金属包括(　　)。
A. 铜和铜合金　B. 铝和铝合金　C. 轴承合金　D. 合金钢
12. 钢是一种含碳量小于(　　)的铁碳合金。
A. 2%　B. 2.11%　C. 3%　D. 3.11%
13. 零件图的技术要求包括表面粗糙度、形状和位置公差、公差和配合、(　　)或表面处理等。
A. 材料　B. 数量　C. 比例　D. 热处理
14. 零件图的标题栏应包括零件的名称、材料、数量、图号和(　　)等内容。
A. 比例　B. 公差　C. 热处理　D. 表面粗糙度
15. 适宜用来制造气缸体、气缸盖和飞轮的铸铁是(　　)。
A. 灰铸铁　B. 球墨铸铁　C. 可锻铸铁　D. 合金铸铁
16. 我国工业纯铝的牌号是按其(　　)来编制。
A. 密度　B. 熔点　C. 纯度　D. 导电性

17. 铝合金一般分为形变铝合金和(　　)。

A. 防锈铝合金　B. 铸造铝合金　C. 硬铝合金　D. 锻铝合金

18. 黄铜是以(　　)为主要合金元素的铜合金。

A. 锡　B. 锌　C. 镍　D. 铝

19. 润滑脂的使用性能主要有稠度、(　　)性能、高温性能和抗水性等。

A. 油脂　B. 中温　C. 高压　D. 低温

20. 润滑脂的使用性能主要有(　　)、低温性能、高温性能和抗水性等。

A. 油脂　B. 中温　C. 高压　D. 稠度

21. 下列选项中(　　)是指润滑脂受外力作用时抵抗变形的程度。

A. 黏性　B. 凝点　C. 强度　D. 稠度

22. 国家标准把润滑脂的稠度规定为(　　)个等级。

A. 7　B. 8　C. 9　D. 10

23. 正弦交流电的三要素是(　　)、角频率和初相位。

A. 最小值　B. 平均值　C. 最大值　D. 代数值

24. 正弦交流电的三要素是最大值、(　　)和初相位。

A. 角速度　B. 角周期　C. 角相位　D. 角频率

25. 交流电的有效值是根据(　　)来确定的。

A. 电流　B. 电压　C. 最大值　D. 热效应

26. 当加在硅二极管两端的正向电压从 0 开始逐渐增大时,硅二极管(　　)。

A. 立即导通　B. 到 0.3 V 时才开始导通

C. 超过死区电压时才开始导通　D. 不导通

27. 单相直流稳压电源由电源变压器、(　　)、滤波和稳压电路组成。

A. 电源　B. 电网　C. 整流　D. 硅整流元件

28. 单相直流稳压电源由滤波、(　　)、整流和稳压电路组成。

A. 整流　B. 电网　C. 电源　D. 电源变压器

29. 三桥式整流电路由三相绕组、6 个二极管和(　　)组成。

A. 三极管　B. 电阻　C. 电容　D. 负载

30. 三桥式整流电路由(　　)、6 个二极管和负载组成。

A. 三极管　B. 电阻　C. 电容　D. 三相绕组

31. 一般金属材料的阻值(　　)。

A. 随温度的升高而下降　B. 随温度的升高而升高

C. 变化不定　D. 与温度无关

32. 下列不属于单向交流电路负载元件的是(　　)。

A. 电阻　B. 电感　C. 电容　D. 电池

33. 通电线圈插入铁芯后,它的磁感应强度将(　　)。

A. 增强　B. 减弱　C. 不变　D. 不确定

34. 下列物理量中,与介质的磁导率无关的是(　　)。

A. B　B. Φ　C. H　D. R

35. 常用三极管的电流放大系数一般在(　　)之间。

A. 10～20　B. 20～200　C. 200～400　D. 400～600

36. 电与磁都是物质运动的基本形式,两者密不可分,统称为(　　)。
A. 电磁现象　　B. 磁化　　C. 磁场　　D. 磁力
37. 1 kW·h 等于(　　)。
A. 3.6×10^6 J　　B. 3.6×10^5 J　　C. 3.6×10^4 J　　D. 3.6×10^3 J
38. 穿透电流(　　),管子的稳定性越好,工作越稳定。
A. 越大　　B. 越小　　C. 不变　　D. 等于零
39. 液压阀是液压系统中的(　　)。
A. 动力元件　　B. 执行元件　　C. 辅助元件　　D. 控制元件
40. 下列(　　)和液压马达是液压系统中的执行元件。
A. 液压缸　　B. 液压泵　　C. 液压阀　　D. 油箱
41. 汽车上采用的液压传动装置以动力式为工作原理的常称(　　)。
A. 液力传动　　B. 液压传动　　C. 气体传动　　D. 液体传动
42. 汽车上采用的液压传动装置以(　　)为工作原理的常称为液力传动。
A. 压力式　　B. 动力式　　C. 传动式　　D. 温度式
43. 液压传动系统由动力装置、执行装置、控制装置和(　　)等组成。
A. 其他装置　　B. 输出装置　　C. 液压传动装置　　D. 辅助装置
44. 液压传动系统由(　　)、执行装置、控制装置、辅助装置等组成。
A. 动力装置　　B. 输出装置　　C. 其他装置　　D. 液压传动装置
45. 液压泵分为(　　)、齿轮泵、叶片泵、螺杆泵 4 种。
A. 低压泵　　B. 高压泵　　C. 柱塞泵　　D. 喷油泵
46. 液压泵分为(　　)、齿轮泵、叶片泵、柱塞泵 4 种。
A. 低压泵　　B. 高压泵　　C. 喷油泵　　D. 螺杆泵
47. 液压传动是以(　　)作为工作介质进行能量传递和控制的传动形式。
A. 固体　　B. 液体　　C. 气体　　D. 机械力
48. 若某液压泵的额定压力为 25 MPa,则该泵属于(　　)。
A. 低压泵　　B. 中压泵　　C. 高压泵　　D. 超高压泵
49. 在液压传动过程中,换向阀的“位”是根据(　　)来划分的。
A. 对外接通的油口数　　B. 阀芯的控制方式
C. 阀芯的运动形式　　D. 阀芯在阀体内的工作位置
50. 下列选项为液压传动缺点的是(　　)。
A. 不便于过载保护　　B. 传动效率低
C. 润滑条件差　　D. 不易实现无级调速
51. 下列选项属于液压传动优点的是(　　)。
A. 易实现过载保护　　B. 便于远距离传送
C. 易实现精确的定比传动　　D. 传动效率高
52. 下列选项为压力控制回路的是(　　)。
A. 调压回路　　B. 调速回路　　C. 换向回路　　D. 同步回路
53. 开关控制的普通方向控制阀包括(　　)和换向阀两类。
A. 单向阀　　B. 双向阀　　C. 溢流阀　　D. 减压阀
54. 开关控制的普通方向控制阀包括单向阀和(　　)两类。

A. 双向阀　B. 换向阀　C. 液压阀　D. 减压阀

55. 液压辅件是液压系统的一个重要组成部分，它包括(　　)、过滤器、油箱、热交换器、压力表开关和管系元件等。

A. 储能器　B. 蓄能器　C. 粗滤器　D. 油泵

56. 下列选项中(　　)传动以油液作为工作介质，依靠油液内部的压力来传递动力。

A. 液压　B. 气压　C. 机械　D. 电力

57. 下列选项中(　　)回路的作用是使液压系统的某一支路获得低于系统主油路工作压力的压力油。

A. 调压　B. 减压　C. 增压　D. 换向

58. 下列情况中(　　)时，液压系统不能稳定工作。

A. 高温　B. 低温　C. 常温　D. 高温或低温

59. 汽车上的液压制动系统属于(　　)液压传动。

A. 动力式　B. 容积式　C. 压力式　D. 体积式

60. 液压传动系统中的减压回路是对(　　)进行减压。

A. 主回路　B. 某一低压回路　C. 所有回路　D. 增压回路

61. 液压传动以油液作为工作介质，依靠油液内部的(　　)来传递动力。

A. 变化　B. 分子　C. 压强　D. 压力

62. 下列选项中(　　)回路是实现液压放大的回路。

A. 调压　B. 减压　C. 增压　D. 换向

63. 液压传动系统中，(　　)是动力元件。

A. 液压泵　B. 液压缸　C. 液压控制阀　D. 液压辅件

64. 液压油在管道中输送时压力信号反应与电信号相比(　　)。

A. 慢　B. 快　C. 一样快　D. 不确定

65. 目前，除少数重型汽车外，其余多采用(　　)动力转向装置。

A. 常流式　B. 常压式　C. 电动式　D. 其他形式

66. 对汽车进行局部举升的装置是(　　)。

A. 千斤顶　B. 丝杠　C. 机械丝杆　D. 举升器

67. 活塞环拆装钳是一种专门用于拆装(　　)的工具。

A. 活塞环　B. 活塞销　C. 顶置式气门弹簧　D. 轮胎螺母

68. 轮胎螺母拆装机是一种专门用于拆装(　　)的工具。

A. 活塞环　B. 活塞销　C、顶置式气门弹簧　D. 轮胎螺母

69. 拆卸东风 EQ1092 汽车转向器轴向调整螺母应用(　　)扳手。

A. 内六角　B. 开口　C. 梅花　D. 活动

70. 浸洗、喷洗和浸喷复合洗属于(　　)。

A. 干洗　B. 湿洗　C. 混合洗　D. 以上选项都不是

71. 下列选项中(　　)平衡机按动平衡原理工作。

A. 就车式　B. 离车式　C. 液压式　D. 选项 A 或 B

72. 汽车基本上由(　　)四大部分组成。

A. 发动机、变速器、底盘、车身　B. 离合器、底盘、车身、电气设备

C. 发动机、离合器、变速器、车身　D. 发动机、底盘、车身、电气设备

73. 传动系由(   )等组成。

A. 离合器、变速器、冷却装置、主减速器、差速器、半轴

B. 离合器、变速器、启动装置、主减速器、差速器、半轴

C. 离合器、变速器、万向传动装置、主减速器、差速器、半轴

D. 离合器、变速器、电子控制装置、主减速器、差速器、半轴

74. 气门弹簧的作用是使气门同气门座保持(   )。

A. 间隙 B. 一定距离 C. 紧密闭合 D. 一定的接触强度

75. 凸轮轴是用来控制各气缸进、排气门(   )时间的。

A. 开闭时刻和开启持续 B. 压缩

C. 点火 D. 做功

76. 下列选项中(   )的功用就是将蓄电池的电能转变为机械能,产生转矩,启动发动机。

A. 发电机 B. 润滑系 C. 传动系 D. 启动系

77. 下列选项中(   )是用电磁控制金属膜片振动而发声的装置。

A. 电磁阀 B. 刮水器 C. 挡风玻璃 D. 电喇叭

78. 启动机的控制机构种类有(   )和电磁操纵两类。

A. 增速机构 B. 机械操纵 C. 传动机构 D. 减速机构

79. 汽车灯具的种类可分为(   )、防雾灯、顶灯、仪表灯和工作灯等。

A. 示宽灯 B. 牌照灯 C. 远光灯 D. 前照灯

80. 闪光继电器的种类有(   )、电容式、电子式三类。

A. 信号式 B. 电热式 C. 过流式 D. 冲击式

81. 风窗洗涤装置按照控制方式不同分为(   )、脚踏控制和电机驱动式三种。

A. 手动控制 B. 开环控制 C. 闭环控制 D. 自动控制

82. 安全气囊传感器按结构可分为机电式、(   )和电子式三种类型。

A. 开关式 B. 全机械式 C. 线性式 D. 滑动电阻式

83. 空调的作用是在封闭的空间内,对(   )、湿度及洁净度进行调节的装置。

A. 压力 B. 暖风 C. 温度 D. 气候

84. 汽车空调中的冷凝器常用的有管带式、(   )、平流式三种类型。

A. 管片式 B. 卧式壳管式 C. 套管式 D. 壳管式

85. 发动机启动后,应(   )检查各仪表的工作情况是否正常。如发现异响,应停机检查。

A. 及时 B. 迟后 C. 途中 D. 熄火后

86. 驾驶员可控制汽车(   )车窗的升降。

A. 左侧 B. 右侧 C. 左前侧 D. 所有

87. 下列选项中(   )与血红蛋白结合,造成血液输氧能力下降,导致人体缺氧。

A. 固体颗粒 B. HC C. 氮氧化物 D. CO

88. 全面质量管理概念最早是由(   )质量管理专家提出的。

A. 美国 B. 英国 C. 法国 D. 加拿大

89. 下列不应属于汽车维修质量管理方法的是(   )。

A. 制定计划 B. 建立质量分析制度

C. 制定提高维修质量措施 D. 预测汽车故障

90. 全面质量管理中的四个环节中的D是指(   )。

A. 计划　　　　B. 执行　　　　C. 检查　　　　D. 处理

二、判断题（对的画"√"，错的画"×"）

(　　) 1. 游标卡尺的读数部分主要由尺身和游标组成。
(　　) 2. 百分表是一种比较测量仪器。
(　　) 3. 台虎钳是一种量具，可分为固定式和回旋式两种。
(　　) 4. 十字旋具是专用于拆装十字槽口的螺钉。
(　　) 5. 可以用扳手或钳子扳转旋具的方法来增大扭矩。
(　　) 6. 砂轮机只能用来磨削工件，不能用来磨削刀具。
(　　) 7. 对于硬度较大的工件，用划针划线时要使用很大的力。
(　　) 8. 一般内曲面刮削常选用三角刮刀。
(　　) 9. 抗拉强度和屈服强度分别表示材料受拉时长度变形和截面变形。
(　　) 10. 白铜是一种铜合金材料。
(　　) 11. 可锻铸铁能承受一定的冲击载荷。
(　　) 12. 纯铜主要用于制造导电器材。
(　　) 13. 黏度是指在规定条件下柴油失去流动能力时的温度值。
(　　) 14. 汽油机油和柴油机油可以相互代替使用。
(　　) 15. 润滑脂的主要性能有稠度、高温性能、低温性能和安定性。
(　　) 16. 帘布层是内胎充气轮胎的骨架。
(　　) 17. 深沟球轴承属于径向滚动轴承。
(　　) 18. 绘图时，断裂处的边界线可用波浪线。
(　　) 19. 图样中的尺寸均不需标注计量单位。
(　　) 20. 局部视图是不完整的基本视图。
(　　) 21. 公差值可正、可负、可为零。
(　　) 22. 国家标准规定了基孔制和基轴制两种配合基准制。
(　　) 23. 电流表可以利用并联不同的电阻扩大其量程。
(　　) 24. 磁感应线是磁场中实际存在的。
(　　) 25. 交流电的有效值是最大值的 0.707 倍。
(　　) 26. 液压传动是以空气作为传动介质的。
(　　) 27. 汽车通常由发动机、底盘、车身和电气设备四大部分组成。
(　　) 28. 全面质量管理的特点可归纳为"三全一多。

参考答案

一、单项选择题

1. D	2. B	3. C	4. A	5. C	6. D	7. A	8. C	9. C	10. C
11. D	12. B	13. D	14. A	15. A	16. C	17. B	18. B	19. D	20. D
21. D	22. C	23. C	24. D	25. D	26. C	27. C	28. D	29. D	30. D
31. A	32. D	33. A	34. C	35. B	36. A	37. A	38. B	39. D	40. A
41. A	42. B	43. D	44. A	45. C	46. D	47. B	48. C	49. D	50. B

51. A	52. A	53. A	54. B	55. B	56. A	57. B	58. D	59. B	60. B
61. D	62. C	63. A	64. A	65. A	66. A	67. A	68. D	69. A	70. B
71. B	72. D	73. C	74. C	75. A	76. D	77. D	78. B	79. D	80. B
81. A	82. B	83. C	84. A	85. A	86. D	87. D	88. A	89. D	90. B

二、判断题

1. √	2. √	3. ×	4. √	5. ×	6. ×	7. ×	8. √	9. ×	10. √
11. √	12. √	13. ×	14. ×	15. ×	16. √	17. √	18. √	19. ×	20. √
21. ×	22. √	23. √	24. ×	25. √	26. ×	27. √	28. √		

第三单元　汽车发动机维护作业

学习目标

一、二级维护前发动机的检测项目与附加作业的确定

(1) 基本内容与要求。

(2) 掌握汽车二级维护前检测作业程序。

(3) 掌握二级维护前发动机的检测诊断项目与技术要求。

(4) 能够确定发动机二级维护竣工检测项目及附加作业项目。

(5) 掌握发动机常用诊断设备的功能。

(6) 能够检测汽油发动机的点火提前角、分电器重叠角、断电器触点闭合角和点火高压、发动机功率及单缸转速降。

(7) 能够测量气缸压缩压力、曲轴箱窜气量、气缸漏气量和进气管真空度。

(8) 能够检测柴油机的喷油压力、供油提前角、发动机机油压力和机油品质、发动机启动电流及启动电压。

(9) 能够检测汽油机怠速工况的 CO、HC 排气量和柴油机烟度。

(10) 掌握发动机技术状况的综合评定方法。

二、发动机二级维护作业

(1) 基本内容与要求。

(2) 掌握气门座圈修理技术要点，能够检修与更换气门及气门座圈。

(3) 掌握曲轴、连杆轴承间隙调整的要点及曲轴轴承、连杆轴承的刮削要点，能够调整曲轴轴向间隙，调整曲轴、连杆轴承间隙以及更换轴承。

(4) 能够检测与更换活塞环。

(5) 能够掌握喷油泵供油提前角技术参数。

(6) 能够调整喷油泵供油提前角，更换飞轮齿圈。

考核要点

考核类别	考核范围	考核点	重要程度
发动机维护作业	二级维护前发动机的检测项目与附加作业的确定	汽车二级维护前配气相位技术要求	★★
		汽车二级维护前动力性技术要求	★★
		汽车二级维护前进气道真空度技术要求	★★
		汽车二级维护前润滑系、冷却系技术要求	★★
		发动机二级维护时常用检测设备及功能	★★
		机油换油指标	★
		二级维护作业项目	★★
		汽车维护周期	★
	发动机二级维护作业	气门座圈修理技术要求	★★
		曲轴、连杆轴承间隙调整的要点	★★
		活塞环装配及技术要求	★★★
		曲轴轴向间隙的检查	★★
		连杆轴承间隙的检查与调整	★★
		飞轮齿圈的检查与拆装	★
		喷油泵供油提前角的调整	★★

考点导航

一、二级维护前发动机的检测项目与附加作业的确定

1. 汽车发动机二级维护前检测项目和技术要求

（1）发动机功率应不小于额定值的80%。

（2）检查配气相位。

（3）发动机异响。曲柄连杆机构和配气机构有无异响。

（4）检查气缸压力。所测气缸压力应不小于规定值的85%，各缸压力差应不大于10%。

（5）检测曲轴箱窜气量。发动机的转速为2 000 r/min时，曲轴箱窜气量应不大于70 L/min。

（6）检测气缸漏气量。气缸漏气量检验仪指示的气压值应不大于0.25 MPa。

（7）检测进气歧管的真空度。在发动机处于怠速运转转速为500～600 r/min时，真空度应为50～70 kPa，波动值应不大于5 kPa。

（8）用内窥镜窥查气缸表面及活塞顶状况，气缸表面应无损伤，活塞顶无烧蚀和严重积炭。

（9）冷却系无泄漏，水泵工作时无异响、无过热现象，水泵轴不松旷。

（10）检查机油压力。怠速时，机油压力应不小于0.1 MPa；中速时，机油压力应不小于0.3 MPa。

（11）检测润滑油质量。润滑油污染指数（或斑痕）、开口闪点及水分中有一项不符合技术

要求，就应更换机油。

2.汽车发动机二级维护附加作业项目的确定依据

（1）点火系。

检测结果：检测出闭合角不符合规定；点火提前角失准；点火高压达不到规定值，点火波形失常。

故障诊断：无触点电子点火系信号发生器气隙失准，点火元件工作性能变差。

附加作业：检修分电器、霍尔发生器总成，视情况更换有故障的元件。

（2）发动机动力性。

检测结果：发动机功率低于原厂规定值的80%，单缸转速降小于90 r/min，各缸转速降相差大于发动机转速的25%。

故障诊断：气门与气门座之间的密封性变差，气缸衬垫、进排气歧管衬垫漏气，活塞环磨损、断裂，气缸与活塞磨损造成配合间隙过大，正时齿轮、凸轮轴磨损引起配气正时失准，点火系统故障，化油器、汽油泵及管路故障。

附加作业：研磨气门，更换损坏衬垫，更换活塞或视情况镗缸，更换活塞环，更换正时齿轮或凸轮轴，检修、调整或更换有关故障元件。

（3）气缸压力。

检测结果：压力低于规定值的85%，各缸压力差大于各缸规定值的10%。

故障诊断：气缸与活塞磨损造成配合间隙过大；活塞环磨损、断裂。

附加作业：研磨气门，视情况更换故障元件，视情况镗缸或更换活塞，更换活塞环，更换磨损零件或调整配气正时。

（4）曲轴箱窜气量。

检测结果：窜气量超过具体发动机规定的标准值。

故障诊断：气缸与活塞磨损造成配合间隙过大，活塞环磨损、黏结、断裂，气门杆与导管磨损，气门密封性差。

附加作业：视情况镗缸或更换活塞。

（5）气缸漏气量。

检测结果：测量表气压值应不大于0.25 MPa。

故障诊断：气缸垫漏气。

附加作业：更换。

（6）进气歧管真空度。

检测结果：在发动机处于怠速运转转速为500～600 r/min时，真空度小于57 kPa，波动值大于5 kPa。

故障诊断：气缸与活塞磨损造成配合间隙过大；活塞环磨损、黏结、断裂；气门杆与导管磨损，气门密封性差；气缸垫漏气。

附加作业：视情况镗缸或更换活塞，研磨气门。

（7）发动机异响。

检测结果：曲轴主轴承、连杆轴承响，活塞敲缸响，活塞销响，配气机构响。

故障诊断：轴承与轴颈磨损、烧蚀，活塞与气缸磨损引起配合间隙增大，曲轴及连杆变形，活塞销与活塞及与连杆衬套间间隙过大，气门间隙调整不当，摇臂及轴、气门挺杆与轴承孔磨损，凸轮轴轴承间隙超差，气门座圈脱落、气门弹簧折断、正时齿轮损坏。

附加作业：应视情况拆检相关部位，更换磨损零件。

（8）冷却系。

检测结果：冷却系有泄漏，水泵工作时异响、发动机过热现象。

故障诊断：水泵磨损、水泵轴松旷，节温器工作异常。

附加作业：更换水泵、节温器。

（9）机油压力与润滑油质量。

检测结果：怠速时，机油压力小于 0.1 MPa；中速时，机油压力小于 0.3 MPa；润滑油污染指数（或斑痕）、开口闪点及水分中有一项不符合技术要求。

故障诊断：机油泵磨损、机油滤清器堵塞、安全阀工作异常，机油严重污染。

附加作业：更换机油泵、机油滤清器，更换机油。

二、发动机二级维护作业

1. 气门座圈修理技术要求

（1）座圈压入后，上端平面与基体平面平齐。

（2）气门座圈轴承孔的圆柱度误差应小于 0.05 mm，圆度误差应小于 0.02 mm。

（3）气门座圈与轴承孔过盈量应符合要求。

2. 曲轴、连杆轴承的调整

（1）检查轴承松紧度，通常是在轴承上涂一层薄机油，将连杆装在相应的轴颈上，按规定力矩拧紧轴承螺栓，然后用手甩动连杆，连杆应能转动数圈。

（2）沿曲轴轴线扳动连杆应无间隙感，连杆轴承应与轴承座及轴承盖密合，凸点完好，轴瓦两端的挤压高度值不小于 0.03 mm。

（3）连杆轴颈与轴承的配合间隙应符合原厂规定。

（4）用手工刮削的轴承要求接触面积不小于轴承内部总面积的 75%。

（5）在轴承表面涂以清洁的机油，将轴承装在连杆轴颈上，按规定拧紧螺母，将连杆放平，依靠杆自身的重量徐徐下坠，用手握住连杆小端，沿轴向扳动时应无松旷感。

3. 飞轮齿圈的检查与拆装

如果飞轮齿圈的轮齿严重损坏，应更换飞轮齿圈。更换飞轮齿圈前，必须先将齿圈加热到大约 300 ℃，并将其内圈有倒角的一面朝向飞轮放置，趁热用压力机压装好。

4. 喷油泵供油提前角的调整

（1）转动泵体调整。

（2）转动泵轴调整。

仿真训练

一、单项选择题（请将正确选项的代号填入题内的括号中）

1. 对于 EQ1092F 型汽车，发动机转速为 800 r/min、气门间隙为 0.25 mm 时，进气门提前角为（　　）。

A. 20°　　B. 30°　　C. 40°　　D. 50°

2. 对于 EQ1092F 型汽车，发动机转速为 800 r/min、气门间隙为 0.25 mm 时，排气门提前角为（　　）。

A. 18.5°　　B. 28.5°　　C. 38.5°　　D. 48.5°

3. 对于 EQ1092F 型汽车,发动机功率应不小于(　　)的 80%。

A. 规定值　　B. 最大值　　C. 最小值　　D. 额定值

4. 对于 EQ1092F 型汽车,所测气缸压力应不小于规定值的(　　)。

A. 65%　　B. 75%　　C. 85%　　D. 95%

5. 对于 EQ1092F 型汽车,发动机功率应不小于额定值的(　　)。

A. 60%　　B. 70%　　C. 80%　　D. 90%

6. 对于 EQ1092F 型汽车,发动机处于怠速运转转速为(　　)时,真空度应为 50～70 kPa。

A. 300～400 r/min　　B. 400～500 r/min　　C. 500～600 r/min　　D. 600～700 r/min

7. 对于 EQ1092F 型汽车,发动机处于怠速运转转速为 500～600 r/min 时,真空度应为(　　)。

A. 50～70 kPa　　B. 70～90 kPa　　C. 90～110 kPa　　D. 110～130 kPa

8. 对于 EQ1092F 型汽车,发动机处于怠速运转转速为(　　)时,真空度波动值应不大于 5 kPa。

A. 300～400 r/min　　B. 400～500 r/min　　C. 500～600 r/min　　D. 600～700 r/min

9. 对于 EQ1092F 型汽车,发动机处于(　　)时,机油压力应不小于 0.1 MPa。

A. 怠速　　B. 中速　　C. 加速　　D. 减速

10. 对于 EQ1092F 型汽车,发动机处于中速时,机油压力应不小于(　　)。

A. 0.1 MPa　　B. 0.2 MPa　　C. 0.3 MPa　　D. 0.4 MPa

11. 对于 EQ1092F 型汽车,发动机处于怠速时,机油压力应不小于(　　)。

A. 0.1 MPa　　B. 0.2 MPa　　C. 0.3 MPa　　D. 0.4 MPa

12. 下列选项中(　　)用于诊断发动机气缸及进排气门的密封状况。

A. 气缸漏气量检测仪　　B. 真空表

C. 发动机分析仪　　D. 尾气分析仪

13. 下列选项中(　　)用于测量进气歧管的真空度。

A. 真空表　　B. 万用表　　C. 示波器　　D. 试灯

14. 下列选项中(　　)用于测量发动机无负荷功率及转速。

A. 汽车无负荷测功表　　B. 气缸压力表

C. 发动机转速表　　D. 发动机分析仪

15. GB/T 8028—94《汽油机机油换油指标》规定:L-EQC 水分含量大于(　　)。

A. 0.1%　　B. 0.2%　　C. 0.3%　　D. 0.4%

16. GB/T 8028—94《汽油机机油换油指标》规定:L-EQB 水分含量大于(　　)。

A. 0.1%　　B. 0.2%　　C. 0.3%　　D. 0.4%

17. GB/T 8028—94《汽油机机油换油指标》规定:L-EQB 油铁含量大于(　　)。

A. 250 mg/kg　　B. 300 mg/kg　　C. 350 mg/kg　　D. 400 mg/kg

18. 以下属于二级维护内容的是(　　)。

A. 检查、调整转向节　　B. 更换活塞环

C. 更换活塞销　　D. 检查曲轴轴向间隙

19. 以下属于预防性维护作业的是(　　)。

A. 日常维护　　B. 一级维护　　C. 二级维护　　D. 三级维护

20. 下列选项中(　　)由维修企业进行，以检查、调整为中心内容。

A. 日常维护　B. 一级维护　C. 二级维护　D. 三级维护

21. 汽车(　　)的行驶里程为 10 000～15 000 km。

A. 日常维护　B. 一级维护　C. 二级维护　D. 三级维护

22. 汽车二级维护的行驶里程为(　　)。

A. 5 000～10 000 km　B. 10 000～15 000 km

C. 20 000～30 000 km　D. 30 000～40 000 km

23. 汽车一级维护的行驶里程为(　　)。

A. 500～1 000 km　B. 1 000～2 000 km　C. 2 000～3 000 km　D. 3 000～4 000 km

24. 气门座圈轴承孔的表面粗糙度应小于(　　)。

A. 1.25 μm　B. 1.50 μm　C. 1.75 μm　D. 2.00 μm

25. 气门座圈工作面应低于气缸盖平面(　　)。

A. 0.5 mm　B. 1.0 mm　C. 1.5 mm　D. 2.0 mm

26. 气门座圈轴承孔的圆度误差应小于(　　)。

A. 0.02 mm　B. 0.04 mm　C. 0.06 mm　D. 0.08 mm

27. 连杆轴承应与轴承座及轴承盖密合，凸点完好，轴瓦两端的挤压高度值不小于(　　)。

A. 0.01 mm　B. 0.03 mm　C. 0.05 mm　D. 0.07 mm

28. 用手工刮削的轴承要求接触面积不小于轴承内部总面积的(　　)。

A. 45%　B. 60%　C. 75%　D. 90%

29. 进行曲轴轴承松紧度的检查时，在轴承上涂一层机油后，应将轴承螺栓(　　)。

A. 按规定力矩拧紧　B. 轻轻拧上　C. 拧紧　D. 以上选项都不正确

30. 活塞环漏光处的缝隙应不大于(　　)。

A. 0.01 mm　B. 0.03 mm　C. 0.05 mm　D. 0.07 mm

31. 同一活塞环上漏光弧长所对应的圆心角总和不超过(　　)。

A. 15°　B. 25°　C. 45°　D. 60°

32. 一般要求活塞环外围工作面在开口处(　　)范围内不许漏光。

A. 15°　B. 30°　C. 45°　D. 60°

33. 捷达发动机新轴的轴向间隙为 0.07～0.17 mm，磨损极限为(　　)。

A. 0.10 mm　B. 0.15 mm　C. 0.20 mm　D. 0.25 mm

34. 进行桑塔纳发动机曲轴轴向间隙检查时，应先将曲轴用撬棒撬至一端，再用塞尺测量第(　　)道曲柄与止推轴承之间的间隙。

A. 1　B. 2　C. 3　D. 4

35. 桑塔纳发动机曲轴轴向间隙是靠第(　　)道主轴承的止推片来保证的。

A. 1　B. 2　C. 3　D. 4

36. 用质量为 0.25 kg 的锤子沿曲轴轴向轻轻敲击连杆，连杆能沿轴向移动，且连杆大头两端与曲柄的间隙为(　　)。

A. 0.17～0.35 mm　B. 0.35～0.52 mm　C. 0.52～0.69 mm　D. 0.69～0.86 mm

37. 进行连杆轴承间隙检查时，用手(　　)向推动连杆，应无间隙感觉。

A. 轴　B. 径　C. 侧　D. 前后

38. 进行连杆轴承间隙检查时，摇转曲轴，使被检连杆位于(　　)位置。

A. 最低　　B. 最高　　C. 中央　　D. 靠近最低

39. 调整喷油泵各缸供油时间,应以第一缸为基准,根据喷油泵的(　　)调整其余各缸。

A. 喷油顺序　　B. 间隔角

C. 喷油顺序和间隔角　　D. 点火顺序和间隔角

40. YC6105QC 型柴油机供油提前角为(　　)。

A. 12°～14°　　B. 14°～16°　　C. 16°～20°　　D. 18°～22°

41. 用溢流法检测柴油机喷油提前角须在(　　)上进行。

A. 喷油器试验器　　B. 喷油泵试验台

C. 台架　　D. 喷油泵试验台或台架

42. 喷油器试验器用油应为沉淀后的(　　)。

A. "0" 号轻柴油　　B. 煤油　　C. 液压油　　D. 机械油

43. YC6105QC 型柴油机所用的 CKBL68S001 型喷油器的喷油压力应为(　　)。

A.(20.0 ± 5)MPa　　B.(23.0 ± 5)MPa　　C.(25.0 ± 5)MPa　　D.(26.0 ± 5)MPa

44. 喷油器未调试前,应做好(　　)使用准备工作。

A. 喷油泵试验台　　B. 喷油器试验器　　C. 喷油器清洗器　　D. 压力表

二、判断题(对的画"√",错的画"×")

(　　)1. 对于 EQ1092F 型汽车,发动机转速为 800 r/min、气门间隙为 0.25 mm 时,排气门滞后角为 10.5°。

(　　)2. 对于 EQ1092F 型汽车,发动机转速为 2 000 r/min 时,曲轴箱窜气时应不大于 70 L/min。

(　　)3. 对于 EQ1092F 型汽车,发动机处于怠速运转转速为 500～600 r/min 时,真空度应为 50～70 kPa。

(　　)4. 对于 EQ1092F 型汽车,发动机处于怠速时,机油压力应不小于 0.1 MPa。

(　　)5. 工业纤维内窥镜用于观察气缸内有无异物及气缸壁、活塞顶部表面技术状况。

(　　)6. GB/T 8028—94《汽油机机油换油指标》规定:L-EQB 水分含量大于 0.1%。

(　　)7. 日常维护由维修企业进行,以检查、调整为中心内容。

(　　)8. 汽车日常维护的行驶里程为 2 000～3 000 km。

(　　)9. 气门座圈承孔的表面粗糙度应小于 1.25 μm。

(　　)10. 连杆轴承应与轴承座及轴承盖密合,凸点完好,轴瓦两端的挤压高度值不小于 0.03 mm。

(　　)11. 活塞环端面平整,装入环槽内应能转动灵活,不卡滞。

(　　)12. 桑塔纳发动机曲轴轴向间隙是靠第 2 道主轴承的止推片来保证的。

(　　)13. 用质量为 0.25 kg 的锤子沿曲轴轴向轻轻敲击连杆,连杆能沿轴向移动,且连杆大头两端与曲柄的间隙为 0.15～0.30 mm。

(　　)14. 六缸柴油机喷油泵各缸供油时间可按 1—5—3—6—2—4 的顺序和喷油间隔角 60° 进行检调。

(　　)15. 柴油机喷油器试验器用油应为沉淀后的"0"号轻柴油。

参考答案

一、单项选择题

1. A　2. C　3. D　4. C　5. C　6. C　7. A　8. C　9. A　10. C
11. A　12. A　13. A　14. A　15. B　16. B　17. A　18. A　19. A　20. C
21. C　22. B　23. C　24. A　25. C　26. A　27. B　28. C　29. A　30. B
31. C　32. B　33. D　34. C　35. C　36. A　37. B　38. A　39. C　40. C
41. B　42. A　43. B　44. B

二、判断题

1. ×　2. √　3. √　4. √　5. √　6. ×　7. ×　8. ×　9. √　10. √
11. √　12. ×　13. ×　14. √　15. √

第四单元　汽车发动机修理及故障诊断

学习目标

(1) 零件的检验与分类。
(2) 缸盖与配气机构的检修。
(3) 气缸体与曲柄连杆机构的检修。
(4) 燃油与进气系统的检修。
(5) 冷却润滑系统的检修。
(6) 点火系统的维修。
(7) 发动机故障诊断与排除。

考核要点

考核类别	考核范围	考　核　点	重要程度
发动机修理及故障诊断	零件的检验与分类	形位公差的项目和符号	★★
		汽车零件的检验分类	★★
		汽车典型零件损坏的主要原因	★★
		气缸的磨损规律	★★
		气缸盖异常损坏的原因	★★
		气缸体损坏的原因	★★
		汽车基础件变形的概念	★
		曲轴异常损坏的原因	★★
		凸轮轴异常损坏的原因	★★

续表

考核类别	考核范围	考　核　点	重要程度
发动机修理及故障诊断	气缸盖与配气机构的检修	缸盖组件的装配与调整	★★★
		气缸盖修理的技术要求	★★★
		汽车发动机凸轮轴的检测	★★
		气门的检修	★★
		配气机构的装配、检测与调整	★★★
	气缸体与曲柄连杆机构的检修	发动机气缸体的检测	★★★
		汽车发动机曲轴的检测	★★★
		气缸体修理的技术要求	★★★
		发动机曲轴修理的技术要求	★★★
		连杆弯曲、扭曲变形检测与校正	★★
		活塞、活塞环、活塞销、活塞销衬套的检测	★★
		选配活塞、活塞环、活塞销、活塞销衬套，组装活塞连杆组	★★★
		曲轴飞轮组的检查与组装	★★
	燃油与进气系统的检修	汽油发动机电控燃油喷射系统的组成	★★
		汽油发动机电控系统的工作原理	★★
		有关汽车排放法规和标准	★
		汽油发动机废气分析仪的使用	★
		节气门位置传感器的结构原理	★★
		电动燃油泵的检测	★★
		喷油器的检查	★★
		检测、调整怠速控制装置	★★
		检测、更换翼片式空气流量计	★★
		检测、更换温度传感器	★★
		废气再循环阀、曲轴箱通风阀的检测与更换	★
		涡轮增压器的检测与更换	★
	冷却润滑系统的检修	蜡式节温器的结构与工作原理	★
		硅油风扇离合器的结构与工作原理	★
		水泵的结构与工作原理	★★
		机油泵的结构与工作原理	★★
		检修冷却系	★★
		硅油风扇离合器的检测	★
		机油泵的检查与修理	★
	点火系统的维修	传统点火系的构造和工作原理	★
		电子点火系的组成和工作原理	★★

续表

考核类别	考核范围	考　核　点	重要程度
发动机修理及故障诊断	点火系统的维修	分电器主要部件的结构与工作原理	★
		点火线圈的结构与工作原理	★★
		火花塞的结构与工作原理	★★
		点火系线路检测	★★★
		分电器的检修	★
		检修点火线圈	★★
		检修火花塞	★★
		霍尔传感器的检测	★★
		蓄电池的检修	★
	发动机故障诊断与排除	发动机启动困难的故障诊断	★★★
		发动机不能启动的故障诊断	★★★
		发动机怠速不稳的故障诊断	★★★
		发动机回火的故障诊断	★★
		爆震的故障诊断	★★
		发动机功率不足的故障诊断	★★
		连杆轴承异响的故障诊断	★★
		正时齿轮异响的诊断	★★
		气门异响的故障诊断	★★
		发动机过热的故障诊断	★★
		发动机缺火的故障诊断	★★
		电控燃油喷射发动机故障诊断程序	★★★
		电控燃油喷射系统的常见故障现象	★★★
		电控燃油喷射系统的故障诊断	★★★
		柴油机烟度计的作用和烟度测定	★
		车用万用表的功能和使用方法	★★
		故障诊断仪(解码器)的种类、功能	★★
		汽油机点火提前角的检测与调整	★★
		点火开关电路的检测	★
		空气供给系故障导致油耗高	★★
		燃油系统故障引起柴油机烟度过大	★★
		柴油机喷油器的调整	★★
		汽油机燃油压力的检测	★★
		电动燃油泵工作电压的检测	★★

考点导航

一、零件的检验与分类

1. 形位公差的项目和符号

形状公差和位置公差简称为形位公差。形位公差是研究构成零件几何特征的点、线、面等几何要素。形位公差的项目和符号见表 1-3-1。

表 1-3-1　形位公差的项目和符号

公差		特征项目	符号	有或无基准要求
形状	形状	直线度	—	无
		平面度	▱	无
		圆度	○	无
		圆柱度	⌭	有
形状或位置	轮廓	线轮廓度	⌒	有或无
		面轮廓度	⌓	有或无
位置	定向	平行度	//	有
		垂直度	⊥	有
		倾斜度	∠	有
	定位	同轴(同心)度	◎	有
		对称度	⌯	有
		位置度	⊕	有或无
	跳动	圆跳动	↗	有
		全跳动	⌰	有

2. 汽车零件的检验分类

汽车零件检验的分类是汽车修理工艺的一个重要环节,它直接影响到汽车修理的质量和成本。通过技术检验,可将零件分为可用件、待修件和报废件三类。

(1) 可用件是指使用后磨损轻微的零件,其尺寸、形状、位置公差和配合关系均在大修技术标准中的许用尺寸和许用配合要求范围内,不经修理尚可继续装车使用。

(2) 待修件是指通过各种修理工艺,可恢复基本尺寸、几何形状和位置、力学性能及配合关系的零件。

(3) 报废件是指耗损严重,其尺寸、形状、位置和配合关系,不仅超过了许用尺寸或许用配合要求,甚至接近或超过维修技术数据中规定的使用极限,是无修复价值的零件。

3. 汽车典型零件损坏的主要原因

(1) 气缸磨损的原因。

① 气缸面轴向磨损成锥形的原因。

② 气缸内表面径向磨损成不规则的椭圆形的原因。

(2) 气缸盖异常损坏的原因。

① 气缸盖裂纹的主要原因。

② 气缸盖腐蚀的主要原因。

③ 气缸盖击伤的主要原因。

④ 气缸盖螺纹孔损坏的主要原因。

⑤ 气缸盖翘曲变形的主要原因。

(3) 气缸体异常损坏的原因。

① 气缸体腐蚀的主要原因。

② 气缸体螺纹孔损坏的主要原因。

③ 气缸体上平面、下平面及后平面产生翘曲变形的原因。

(4) 曲轴、凸轮轴异常损坏的原因。

① 曲轴变形的原因。

② 曲轴轴颈表面出现擦伤和烧伤的原因。

③ 凸轮轴异常损坏主要原因。

二、气缸盖与配气机构的检修

1. 气缸盖组件的装配与调整

(1) 配气机构装配与调整的注意事项。

配气机构装配时按拆卸的相反顺序进行，并应注意以下事项：

① 装配前必须对各机件进行清洗、检验。

② 各零件必须按原位装入，不得装错。

③ 安装凸轮轴时，第一气缸凸轮必须朝上。凸轮轴转动时，活塞不可置于上止点，以防损坏气门及活塞顶部。

④ 装凸轮轴油封及气门杆油封时，在油封外周及唇边涂油，并用专用工具安装到合适位置。

⑤ 各紧固件必须按规定的顺序和拧紧力矩拧紧。

(2) 气缸盖装配注意事项。

① 在安装气缸盖之前，要将曲轴转动到第一缸的上止点位置。

② 更换所有密封条和密封衬垫，并注意衬垫的位置。

③ 气缸盖衬垫上刻有“OPEN TOP”字样的一面应该正对着气缸盖安装。

④ 气缸盖、气门罩盖螺栓应按规定顺序，分四次交叉对角拧紧；拧紧力矩要符合相关规定。

⑤ 安装气缸垫时，有标号(配件号)的一面必须可见。

2. 气缸盖修理的技术要求

(1) 气缸盖变形的检测。

(2) 气缸盖裂纹的检修。

(3) 燃烧室容积的检测。

(4) 气缸盖厚度的检测。

3. 汽车发动机凸轮轴的检测

(1) 凸轮磨损的检测。

(2) 凸轮轴弯曲变形的检测。

(3) 凸轮轴轴颈的检测。

(4) 凸轮轴其他损伤的检修。

4. 气门的检修

(1) 气门的检修。

① 气门杆磨损检修。

② 气门杆弯曲的检修。

③ 气门工作面磨损的检修。

(2) 气门座的研磨。

① 机动研磨法。

② 手工研磨法。

(3) 气门与气门座密封性检验。

① 渗油法。

② 画线法。

③ 拍打法。

④ 仪器检验法

三、气缸体与曲柄连杆机构的检修

1. 发动机气缸体的检测

(1) 气缸体磨损的检测。

(2) 气缸体各接合面平面度的检测。

(3) 气缸体裂纹的检测。

(4) 气缸体腐蚀的检测。

2. 汽车发动机曲轴的检测

(1) 主轴颈、连杆轴颈磨损的检测。

(2) 曲轴弯曲度的检测。

(3) 曲轴扭曲变形的检测

3. 气缸体修理的技术要求

(1) 气缸磨损量的测量。

① 测量部位。

② 测量方法。

(2) 气缸修理尺寸的确定。

① 常见发动机气缸修理级别。

② 修理尺寸的选择。

4. 发动机曲轴修理的技术要求

(1) 主轴承的选配。

(2) 连杆轴承修配。

5. 连杆弯曲、扭曲变形的检测与校正

(1) 连杆外形检修。

(2) 连杆弯曲、扭曲变形的检测。

(3) 连杆弯曲、扭曲变形的校正。

6. 活塞、活塞环、活塞销、活塞销衬套的检修

（1）活塞的检测与选配。

（2）活塞环的检测与选配。

（3）活塞销的检测与选配。

（4）活塞销衬套的修配。

7. 组装活塞连杆组

活塞连杆组组装注意事项包括：

（1）必须把同一缸号的活塞连杆，按活塞顶箭头和连杆铸造标记朝前的正确方向，组装活塞连杆总成。

（2）必须使用同样类型的活塞销及同样重量级别的活塞。

（3）按标记安装连杆轴承盖，并按规定力矩分四次拧紧螺栓。

四、燃油与进气系统的检修

1. 汽油发动机电控燃油喷射系统的组成

（1）汽油发动机电控燃油喷射系统的组成。

（2）汽油发动机电控燃油喷射系统的分类。

（3）汽油发动机电控燃油喷射系统的特点。

2. 汽油发动机电控系统的工作原理

（1）汽油发动机主要传感器的类型与工作原理。

（2）汽油发动机 ECU 的组成与控制原理。

（3）汽油发动机主要执行器。

3. 汽车排放有关法规和标准

（1）汽油发动机排放法规和标准。

（2）汽油发动机排放检测方法。

4. 节气门位置传感器的结构原理

（1）线性式节气门位置传感器结构原理。

（2）开关式节气门位置传感器结构原理。

5. 电动燃油泵的检测

（1）电动燃油泵电阻检测。

（2）电动燃油泵输出油压的检测。

6. 喷油器的检查

（1）喷油器线圈电阻的检测。

（2）喷油器电磁阀动作检测。

（3）喷油器密封性检测。

7. 检测、调整怠速控制装置

（1）怠速控制系统就车检测。

（2）怠速控制阀静态检测。

8. 检测、更换温度传感器

（1）冷却水温度传感器的电阻检测。

① 就车检测。

② 静态检测。

(2) 冷却水温度传感器输出电压检测。

9. 废气再循环阀、曲轴箱通风阀检测与更换

(1) 废气再循环阀(EGR)检测与更换。

(2) 曲轴箱通风阀(PVC)检测与更换。

10. 涡轮增压器检测与更换

(1) PVC 阀的检测。

(2) 清洗中冷器和压气机。

(3) 清除增压器内部积炭。

(4) 检查转子的轴向、径向间隙。

五、冷却润滑系统的检修

1. 蜡式节温器

(1) 蜡式节温器的结构。

(2) 蜡式节温器的工作原理。

2. 硅油风扇离合器

(1) 硅油风扇离合器的结构。

(2) 硅油风扇离合器的工作原理。

3. 水泵

(1) 水泵的结构。

(2) 水泵的工作原理。

4. 机油泵

(1) 机油泵的结构。

(2) 机油泵的工作原理。

5. 检修冷却系

(1) 检测节温器。

(2) 硅油风扇离合器的检测。

(3) 检修风扇温控开关。

(4) 检修水泵。

6. 硅油风扇离合器的检测

(1) 冷状态检查。

(2) 热状态检查。

7. 机油泵的检查与修理

(1) 泵体与泵盖的检修。

(2) 机油泵轴的检修。

(3) 主、从动齿轮的检修。

六、点火系统的维修

1. 传统点火系

(1) 传统点火系的组成。

(2) 传统点火系的工作原理。

2. 电子点火系
(1) 电子点火系的组成。
(2) 电子点火系的工作原理。
3. 分电器
(1) 断电器的结构与作用。
(2) 配电器的结构与作用。
(3) 电容器的作用。
(4) 点火提前装置的类型与工作原理。
4. 点火线圈
(1) 开磁路点火线圈的结构与工作原理。
(2) 闭磁路点火线圈的结构与工作原理。
5. 火花塞
(1) 火花塞的类型。
(2) 火花塞的型号。
(3) 火花塞的选用。
6. 分电器的检修
(1) 断电器触点烧蚀、磨损情况检查。
(2) 断电器触点间隙检查。
(3) 活动触点臂弹簧弹力的检查。
(4) 检查分电器轴与衬套之间的间隙。
(5) 检查分火头、分电器盖漏电情况。
(6) 检查点火提前装置。
(7) 电容器检查。
7. 检修点火线圈
(1) 点火线圈外观检查。
(2) 点火线圈初、次级电阻检查。
8. 检修火花塞
(1) 火花塞吊火检测。
(2) 火花塞裙部颜色检测。
9. 霍尔传感器的检测
(1) 霍尔传感器工作电压检测。
(2) 霍尔传感器搭铁情况检测。
(3) 霍尔传感器输出电压检测。
(4) 霍尔传感器触发轮间隙的检测。

七、发动机故障诊断与排除

(1) 发动机启动困难故障诊断。
(2) 发动机不能启动故障诊断。
(3) 发动机怠速不稳的故障诊断。
(4) 发动机回火的故障诊断。

(5)爆震的故障诊断。
(6)发动机功率不足的故障诊断。
(7)连杆轴承异响的故障诊断。
(8)正时齿轮异响的故障诊断。
(9)气门异响的故障诊断。
(10)发动机过热的故障诊断。
(11)发动机缺火的故障诊断。
(12)电控燃油喷射发动机故障诊断程序。
(13)电控燃油喷射系统的常见故障现象。
(14)电控燃油喷射系统的故障判断。
(15)柴油机烟度计的作用和烟度测定。
(16)车用万用表的功能和使用方法。
(17)故障诊断仪(解码器)的种类、功能。
(18)汽油机点火提前角的检测与调整。
(19)点火开关电路的检测。
(20)空气供给系故障导致油耗高的排除方法。
(21)燃油系统故障引起柴油机烟度过大的排除方法。
(22)柴油机喷油器的调整。
(23)汽油机燃油压力的检测。
(24)电动燃油泵工作电压的检测。

仿真训练

一、单项选择题(请将正确选项的代号填入题内的括号中)

1. 符号⊥代表(　　)。
A. 平行度　　B. 垂直度　　C. 倾斜度　　D. 位置度
2. 符号∠代表(　　)。
A. 平行度　　B. 垂直度　　C. 倾斜度　　D. 位置度
3. 符号//代表(　　)。
A. 平行度　　B. 垂直度　　C. 倾斜度　　D. 位置度
4. 某零件经过修理后可完全恢复技术要求的标准,但修理成本非常高,该件应定为(　　)。
A. 报废件　　B. 待修件　　C. 可用件　　D. 需修件
5. 将报废件定为可用件将影响汽车的修理质量;如果将可用件定为报废件,将影响汽车的修理(　　)。
A. 质量　　B. 工艺　　C. 成本　　D. 技术要求
6. 当气缸拉缸后,确定了某级修理尺寸,以下相应的零件可不报废的是(　　)。
A. 活塞　　B. 连杆　　C. 活塞销　　D. 活塞环
7. 汽车离合器压盘及飞轮表面烧蚀的主要原因是离合器(　　)。
A. 打滑　　B. 分离不彻底　　C. 动平衡破坏　　D. 踏板自由行程过大
8. 活塞开口间隙过小,会导致活塞环(　　)。

A. 对口　　B. 折断　　C. 泵油　　D. 变形

9. 发动机的活塞产生烧顶的原因之一是(　　)。

A. 冷却水温度过高　　B. 烧机油　　C. 活塞顶有积炭　　D. 混合气过浓

10. 发动机气缸沿轴线方向磨损呈(　　)的特点。

A. 上大下小　　B. 上小下大　　C. 上下相同　　D. 中间大

11. 发动机气缸轴线方向磨损量最大部位是在活塞上止点时(　　)所对应的缸壁。

A. 活塞顶　　B. 第一道活塞环　　C. 活塞销　　D. 第二道活塞环

12. 发动机气缸沿径向的磨损呈不规则的(　　)。

A. 圆形　　B. 圆柱形　　C. 圆锥形　　D. 椭圆形

13. 以下属于气缸盖腐蚀的主要原因的是(　　)。

A. 冷却液加注过多　　B. 使用了不符合要求的冷却液

C. 汽车工作条件恶劣　　D. 汽车长时间超时间超负荷工作

14. 以下属于气缸盖损伤的原因的是(　　)。

A. 冷却液过多　　B. 异物碰撞　　C. 机油压力过高　　D. 机油达不到要求

15. 以下不属于气缸盖裂纹的主要原因的是(　　)。

A. 车辆在严寒季节，停车后没有及时放净发动机水道和散热器内的冷却水

B. 发动机过热时，突然添加冷水

C. 气缸盖铸造时残余应力的影响及气缸盖在生产中壁厚过薄，强度不足

D. 气缸盖螺栓拧紧力矩过大

16. 以下属于气缸体腐蚀的主要原因的是(　　)。

A. 冷却液加注过多　　B. 使用了不符合要求的冷却液

C. 汽车工作条件恶劣　　D. 汽车长时间超时间超负荷工作

17. 以下不属于气缸体裂纹产生的主要原因的是(　　)。

A. 车辆在严寒季节，停车后没有及时放净发动机水道和散热器内的冷却水

B. 发动机过热时，突然添加冷水

C. 气缸体铸造时残余应力的影响及气缸盖在生产中壁厚过薄，强度不足

D. 气缸体螺栓拧紧力矩过大

18. 以下属于气缸体损伤的原因的是(　　)。

A. 冷却液过多　　B. 异物碰撞　　C. 机油压力过高　　D. 机油达不到要求

19. 汽车基础件产生变形的主要原因是受到(　　)应力作用而导致的。

A. 内　　B. 外　　C. 内、外　　D. 其他

20. 对于具有 6 个气缸的发动机，(　　)缸磨损最大。

A. 1　　B. 2　　C. 3　　D. 5

21. 发动机气缸体上平面翘曲后，应采用(　　)修理。

A. 刨削　　B. 磨削　　C. 冷压校正　　D. 加热校正

22. 以下不属于曲轴产生裂纹的主要原因的是(　　)。

A. 材料缺陷　　B. 应力集中　　C. 制造缺陷　　D. 螺栓拧紧力矩过大

23. 以下属于曲轴轴承螺纹损伤的原因的是(　　)。

A. 装配时螺栓没有拧正　　B. 异物碰撞

C. 工具使用不当　　D. 螺栓重复使用

24. 以下属于曲轴变形的主要原因的是(　　)。

A. 机油压力过高　　B. 按规定力矩拧紧螺栓力矩

C. 未按规定力矩拧紧螺栓　　D. 曲轴轴承磨损

25. 以下属于凸轮轴变形的主要原因的是(　　)。

A. 机油压力过高　　B. 按规定力矩拧紧螺栓力矩

C. 未按规定力矩拧紧螺栓　　D. 凸轮轴轴承磨损

26. 以下不属于凸轮轴产生裂纹的主要原因的是(　　)。

A. 材料缺陷　　B. 应力集中　　C. 制造缺陷　　D. 螺栓拧紧力矩过大

27. 以下属于凸轮轴轴承螺纹损伤的原因的是(　　)。

A. 装配时螺栓没有拧正　　B. 异物碰撞

C. 工具使用不当　　D. 螺栓重复使用

28. 气缸盖平面翘曲变形用(　　)进行检测。

A. 直尺　　B. 厚薄规　　C. 千分尺　　D. 直尺和厚薄规

29. 铝合金发动机气缸盖的水道容易被腐蚀，轻者可(　　)修复。

A. 堆焊　　B. 镶补　　C. 环氧树脂粘补　　D. 以上三者均可

30. EQ6100-1 型发动机气缸有(　　)级修理尺寸。

A. 2　　B. 4　　C. 5　　D. 6

31. 发动机气缸体裂纹和破损检测最常用的方法是(　　)。

A. 磁力探伤　　B. 荧光探伤　　C. 敲击　　D. 水压试验

32. 发动机镗缸后的气缸圆度和圆柱度误差应小于(　　)。

A. 0.000 5 mm　　B. 0.005 mm　　C. 0.05 mm　　D. 0.5 mm

33. 桑塔纳 2000 型轿车 AFE 发动机装复后，气缸压缩压力的极限值为(　　)。

A. 0.70 MPa　　B. 0.85 MPa　　C. 0.75 MPa　　D. 0.80 MPa

34. 发动机曲轴裂纹易发生在轴颈与曲柄的连接处及(　　)周围。

A. 曲拐　　B. 配重　　C. 润滑油眼　　D. 主油道

35. 发动机曲轴轴颈的主要检测项目是(　　)。

A. 弯曲变形　　B. 圆度误差　　C. 圆柱度误差　　D. 圆度和圆柱度误差

36. 确定发动机曲轴修理尺寸时，除根据测量的圆柱度、圆度进行计算外，还应考虑(　　)对修理尺寸的影响。

A. 裂纹　　B. 弯曲　　C. 连杆　　D. 轴瓦

37. 用(　　)检测发动机凸轮轴凸轮的轮廓变化，来判断凸轮的磨损情况。

A. 游标卡尺　　B. 百分表　　C. 外径分厘卡　　D. 标准样板

38. 将发动机凸轮轴支于平台上的 V 形铁上，用(　　)检测凸轮轴的弯曲程度。

A. 直尺和塞尺　　B. 高度尺　　C. 百分表　　D. 游标卡尺

39. 发动机凸轮轴变形的主要形式是(　　)。

A. 弯曲　　B. 扭曲　　C. 弯曲和扭曲　　D. 圆度误差

40. 根据《汽车发动机缸体与气缸盖修理技术条件》(GB 3801—83)的技术要求，气缸体上平面 50 mm × 50 mm 测量范围内平面度误差应不大于（ ）。

A. 0.01 mm　B. 0.04 mm　C. 0.05 mm　D. 0.10 mm

41. 根据《汽车发动机缸体与气缸盖修理技术条件》（GB 3801—83）的技术要求，气缸套上端面应不低于气缸体上平面，亦不高出（ ）。

A. 0.10 mm　B. 0.075 mm　C. 0.05 mm　D. 0.25 mm

42. 根据《汽车发动机缸体与气缸盖修理技术条件》（GB 3801—83）的技术要求，燃烧室容积不小于原设计（ ）值的 95%。

A. 最小尺寸　B. 最小极限　C. 最大尺寸　D. 最大极限

43. 根据《汽车发动机曲轴技术条件》（GB 3802—83）的技术要求，补偿修复主轴轴颈时不可采用（ ）方法。

A. 金属丝喷涂　B. 气焊　C. 镀铬　D. 镀铁

44. 根据《汽车发动机曲轴技术条件》（GB 3802—83）的技术要求，曲轴修理尺寸共分（ ）个级别。

A. 6　B. 8　C. 12　D. 13

45. 根据《汽车发动机曲轴技术条件》（GB 3802—83）的技术要求，飞轮突缘的径向圆跳动公差为（ ）。

A. 0.02 mm　B. 0.04 mm　C. 0.06 mm　D. 0.08 mm

46. 气门杆磨损用（ ）测量。

A. 外径千分尺　B. 内径千分尺　C. 直尺　D. 刀尺

47. 若弯曲度超过 0.03 mm，摆差超过（ ），应予冷压校直。

A. 0.02 mm　B. 0.05 mm　C. 0.06 mm　D. 0.08 mm

48. 气门高度用（ ）测量。

A. 外径千分尺　B. 内径千分尺　C. 直尺　D. 刀尺

49. 调整发动机气门间隙时应在（ ）、气门挺杆落至最终位置进行。

A. 进气门完全关闭　B. 排气门完全关闭

C. 进、排气门完全关闭　D. 进、排气门不需关闭

50. 铰削 EQ6100-1 气门座时，应选用（ ）铰刀铰削 15° 上斜面。

A. 45°　B. 75°　C. 15°　D. 25°

51. 在安装发动机新凸轮轴油封时，应先涂一层（ ）。

A. 密封胶　B. 机油　C. 凡士林　D. 齿轮油

52. 下列选项中（ ）用于减小燃油压力波动。

A. 油泵　B. 喷油器　C. 油压调节器　D. 油压缓冲器

53. 下列选项中（ ）用于建立燃油系统压力。

A. 油泵　B. 喷油器　C. 油压调节器　D. 油压缓冲器

54. 下列选项中（ ）用于调节燃油压力。

A. 油泵　B. 喷油器　C. 油压调节器　D. 油压缓冲器

55. 发动机电控单元控制喷油器的（ ）。

A. 电源　B. 搭铁　C. 电阻　D. 电感

56. 安装在进气歧管上的喷油器在（ ）喷油。

A. 进气行程　B. 压缩行程　C. 做功行程　D. 排气行程

57. 喷油器开启持续时间由(　　)控制。
A. 电控单元　B. 点火开关　C. 曲轴位置传感器　D. 凸轮轴位置传感器
58. 热线式空气流量计的热线沾污不会导致(　　)。
A. 不易启动　B. 加速不良　C. 怠速不稳　D. 飞车
59. 翼片式空气流量计翼片卡滞会导致(　　)。
A. 油耗过高　B. 油耗过低　C. 发动机爆燃　D. 发动机加速迟缓
60. 下列选项中(　　)用于检测发动机运转时吸入的进气量。
A. 空气流量计　B. 节气门位置传感器
C. 进气温度传感器　D. 发动机转速传感器
61. 水温传感器线路断路会导致(　　)。
A. 不易启动　B. 加速不良　C. 怠速不稳　D. 飞车
62. 水温传感器失效会导致(　　)。
A. 不易启动　B. 怠速不稳　C. 进气温度过高　D. 进气温度过低
63. 进气温度传感器失效会引起(　　)。
A. 不易启动　B. 怠速不稳　C. 进气温度过高　D. 进气温度过低
64. 下列选项中(　　)用于检测节气门的开启角度。
A. 空气流量计　B. 节气门位置传感器
C. 进气温度传感器　D. 发动机转速传感器
65. 节气门位置传感器断路会导致(　　)。
A. 不易启动　B. 加速不良　C. 减速熄火　D. 飞车
66. 节气门位置传感器失效会引起(　　)。
A. 不易启动　B. 怠速不稳　C. 进气量过大　D. 进气量过小
67. 一般来说,电动燃油泵的工作电压是(　　)。
A. 5 V　B. 12 V　C. 24 V　D. 42 V
68. 怠速运行时,燃油压力可能是(　　)。
A. 0.25 MPa　B. 0.50 MPa　C. 0.70 MPa　D. 0.90 MPa
69. 燃油泵供油量在有汽油滤清器的情况下应为(　　)。
A. 400～700 mL　B. 700～1 000 mL　C. 1 000～1 300 mL　D. 1 300～1 600 mL
70. 对于四缸发动机而言,有一个喷油器堵塞会导致发动机(　　)。
A. 不能启动　B. 不易启动　C. 怠速不稳　D. 减速不良
71. 喷油器滴漏会导致发动机(　　)。
A. 不能启动　B. 不易启动　C. 怠速不稳　D. 加速不良
72. 高阻抗喷油器的电阻值为(　　)。
A. 2～3 Ω　B. 5～10 Ω　C. 12～15 Ω　D. 50～100 Ω
73. 开关式怠速控制阀控制线路断路会导致(　　)。
A. 不能启动　B. 怠速过高　C. 怠速不稳　D. 减速不良
74. 怠速控制阀关闭不严会导致发动机(　　)。
A. 不能启动　B. 不易启动　C. 怠速不稳　D. 加速不良
75. 光电式卡尔曼涡旋式空气流量计的输出信号是(　　)。
A. 连续信号　B. 数字信号　C. 模拟信号　D. 固定信号

76. 超声波式卡尔曼涡旋式空气流量计的输出信号是(　　)。

A. 连续信号　B. 数字信号　C. 模拟信号　D. 固定信号

77. 翼片式空气流量计的输出信号是(　　)。

A. 脉冲信号　B. 数字信号　C. 模拟信号　D. 固定信号

78. 进气温度传感器安装在(　　)。

A. 进气道上　B. 排气管上　C. 水道上　D. 油底壳上

79. 冷却液温度传感器安装在(　　)。

A. 进气道上　B. 排气管上　C. 水道上　D. 油底壳上

80. 进气温度传感器的输出信号是(　　)。

A. 脉冲信号　B. 数字信号　C. 模拟信号　D. 固定信号

81. 下列选项中(　　)的开启与关闭形成了发动机冷却系大小循环。

A. 节温器　B. 水箱盖　C. 放水塞　D. 水温开关

82. 蜡式节温器的工作起始温度是(　　)。

A. 35 ℃　B. 65 ℃　C. 85 ℃　D. 105 ℃

83. 常温时蜡式节温器石蜡呈固态，弹簧将主阀门推向上方，使之压在阀座上，主阀门(　　)。

A. 全开　B. 开启 1/2　C. 开启 1/3　D. 关闭

84. 硅油风扇离合器以(　　)为介质来传递扭矩。

A. 硅油　B. 汽油　C. 煤油　D. 柴油

85. 常温下硅油被控制阀片挡住，不能进入工作室，风扇离合器处于(　　)状态。

A. 分离　B. 结合　C. 啮合　D. 连接

86. 吹向感温器的气流温度低于(　　)时，风扇离合器又恢复到分离状态。

A. 15 ℃　B. 25 ℃　C. 35 ℃　D. 45 ℃

87. 下列选项中(　　)的作用是密封冷却液以免泄漏，同时将冷却液与水泵轴承隔离，以保护轴承。

A. 水封　B. 叶轮　C. 泵轴　D. 轴承

88. 水泵在泵轴处设有(　　)，其作用是确定水封是否漏水和排出水泵漏出的水。

A. 溢水孔　B. 传感器　C. 加油孔　D. 检测孔

89. (　　)的作用是使发动机冷却水强制循环。

A. 水泵　B. 风扇　C. 节温器　D. 水温感应塞

90. 机油泵泵油压力过低会导致(　　)。

A. 泵油量过大　B. 曲轴轴承间隙过大

C. 凸轮轴轴承间隙过大　D. 曲轴轴承烧熔

91. AJR 发动机机油泵安装在发动机的(　　)。

A. 前端　B. 后端　C. 侧面　D. 下面

92. 下列选项中(　　)的作用是建立足够的机油压力。

A. 机油泵　B. 机油滤清器　C. 限压阀　D. 机油压力感应塞

93. 蜡式节温器中使用阀门开闭的部件是(　　)。

A. 弹簧　B. 石蜡感应体　C. 支架　D. 壳体

94. 风冷却系统为了更有效地利用空气流，加强冷却，一般都装有(　　)。

A. 导流罩　B. 散热片　C. 分流板　D. 鼓风机

95. 加注发动机冷却水,最好选择(　　)。

A. 井水　B. 泉水　C. 雨雪水　D. 矿泉水

96. 关于硅油风扇离合器检测,甲说:启动发动机,使发动机温度接近 90～95 ℃时,仔细听发动机风扇处响声应明显增大;乙说:发动机温度接近 90～95 ℃时,用手拨动风扇叶片,感觉较费力为正常。以上说法中(　　)。

A. 甲正确　B. 乙正确　C. 甲乙都正确　D. 甲乙都不正确

97. 关于硅油风扇离合器检测,甲说:启动发动机,使其在冷状态下以中速运转 1～2 min,以便使工作腔内硅油返回储油室;乙说:在发动机停转之后,用手应能较轻松地拨动风扇叶片。以上说法中(　　)。

A. 甲正确　B. 乙正确　C. 甲乙都正确　D. 甲乙都不正确

98. 冷状态检查硅油风扇离合器时,启动发动机,使其在冷状态下以中速运转(　　),用手应能较轻松地拨动风扇叶片。

A. 1～2 min　B. 2～3 min　C. 3～4 min　D. 4～5 min

99. 汽油泵盖和泵体接合面不平度不应大于(　　)。

A. 0.10 mm　B. 0.15 mm　C. 0.12 mm　D. 0.20 mm

100. 安装汽油泵时,泵壳体与缸体间衬垫厚度要(　　)。

A. 加厚　B. 减小

C. 适当　D. 加厚、减小、适当均可

101. 汽油泵组合式进出油阀如有胶质可(　　)。

A. 翻面使用　B. 磨平修复　C. 用酒精或丙酮清洗　D. 用汽油清洗

102. 高速发动机普遍采用(　　)火花塞。

A. 标准型　B. 突出型　C. 细电极型　D. 铜心宽热值型

103. 汽油机分电器中的(　　)由分火头和分电器盖组成。

A. 配电器　B. 断电器　C. 点火提前装置　D. 电容器

104. 汽油机(　　)将高压电引入燃烧室,产生电火花,点燃混合气。

A. 高压线　B. 火花塞　C. 分电器　D. 电源

105. 桑塔纳 2000 型轿车采用的电子点火模块具有恒能点火功能,初级电流恒定为(　　)。

A. 2.5 A　B. 4.5 A　C. 6.5 A　D. 7.5 A

106. 霍尔元件产生的霍尔电压为(　　)级。

A. mV　B. V　C. kV　D. μV

107. 无触点电子点火系采用点火信号传感器取代传统点火系中的(　　)。

A. 断电触点　B. 配电器　C. 分电器　D. 点火线圈

108. JV 发动机分电器安装在发动机的(　　)。

A. 前端　B. 后端　C. 侧面　D. 下面

109. 下列选项中(　　)的作用是按发动机的工作顺序依次分配高压电至各缸火花塞上。

A. 分火头　B. 断电器　C. 点火线圈　D. 点火器

110. 下列选项中(　　)的作用是将高压电分配给各个分缸线。

A. 分电器　B. 点火线圈　C. 电容器　D. 火花塞

111. 下列选项中(　　)的作用是产生高压电。

A. 分电器　B. 点火线圈　C. 电容器　D. 火花塞

112. 丰田威驰发动机采用的是(　　)点火线圈。

A. 开磁路　B. 闭磁路　C. A、B 都正确　D. A、B 都不正确

113. 下列选项中(　　)的作用是减小启动后点火线圈的电流。

A. 分火头　B. 断电器　C. 点火线圈　D. 附加电阻

114. 一般来说，普通火花塞中心电极与侧电极之间的间隙为(　　)。

A. 0.35～0.45 mm　B. 0.45～0.55 mm　C. 0.50～0.60 mm　D. 0.70～0.90 mm

115. 一般来说，高能点火系统采用的火花塞中心电极与侧电极之间的间隙为(　　)。

A. 0.35～0.45 mm　B. 0.45～0.55 mm　C. 0.70～0.90 mm　D. 1.10～1.30 mm

116. 发动机工作时，火花塞绝缘体裙部的温度应保持在(　　)。

A. 200～300 ℃　B. 300～400 ℃　C. 500～600 ℃　D. 600～700 ℃

117. 下列选项中(　　)控制点火线圈的次级绕组。

A. 点火器　B. 分电器　C. 电容器　D. 断电器

118. 为保证点火可靠，一般要求点火系统提供的高压电为(　　)。

A. 1 000～2 000 V　B. 5 000～8 000 V　C. 8 000～10 000 V　D. 15 000～20 000 V

119. 传统点火系中，分电器的电容器容量一般为(　　)。

A. 0.15～0.25 μF　B. 0.15～0.25 μF　C. 0.15～0.25 F　D. 0.15～0.25 mF

120. 离心提前装置在分电器轴固定不动时，使凸轮向其(　　)转至极限，放松时应立即回原位。

A. 工作方向　B. 正向　C. 反向　D. 侧向

121. 检查分电器轴与衬套之间的间隙，分电器轴与衬套的正常配合间隙为 0.02～0.04 mm，最大不得超过(　　)。

A. 0.02 mm　B. 0.05 mm　C. 0.07 mm　D. 0.09 mm

122. 检查分电器轴与衬套之间的间隙，分电器轴与衬套的正常配合间隙为(　　)，最大不得超过 0.07 mm。

A. 0.01～0.02 mm　B. 0.02～0.04 mm　C. 0.04～0.06 mm　D. 0.06～0.08 mm

123. 用数字式万用表的(　　)挡检查点火线圈的电阻。

A. 欧姆　B. 电压　C. 千欧　D. 兆欧

124. 桑塔纳 DQ171 型点火线圈二次绕组的电阻为(　　)。

A. 1 400～2 500 Ω　B. 2 400～3 500 Ω　C. 3 400～4 500 Ω　D. 4 400～5 500 Ω

125. 将 220 V 交流试灯接在点火线圈一次绕组两端的接线柱上，灯亮则表示(　　)故障。

A. 有断路　B. 有搭铁　C. 无断路　D. 有断路或搭铁

126. 关于火花塞检测，甲说：定期或在对某缸火花塞性能有怀疑时，可进行单缸断火试验；乙说：根据发动机运转情况判断火花塞的好坏，若性能不良或有明显损坏时，一般应予更换。对于以上说法(　　)。

A. 甲正确　B. 乙正确　C. 甲乙都正确　D. 甲乙都不正确

127. 拆下火花塞，观察绝缘体裙部颜色，(　　)并且干净，说明选型正确。

A. 浅褐色　B. 黑色　C. 灰白色　D. 棕色

128. 拆下火花塞，观察绝缘体裙部颜色，(　　)且电极有被烧蚀痕迹，则选用的火花塞为热型。

A. 浅褐色　B. 黑色　C. 灰白色　D. 棕色

129. 桑塔纳 2000GLS 型轿车 JV 型发动机分电器触发叶轮的叶片不在空隙时，霍尔传感器信

号发生器的输出电压值为(　　)。

A. 1～5 V　　B. 2～9 V　　C. 3～10 V　　D. 4～11 V

130. 霍尔传感器的检测,应在(　　)电子点火控制器及连接导线检查都正常的情况下进行。

A. 点火线圈　　B. 火花塞　　C. 分电器　　D. 火花塞或分电器

131. 桑塔纳 2000GLS 型轿车 JV 型发动机分电器触发叶轮的叶片在空隙时,霍尔传感器信号发生器的输出电压值为(　　)。

A. 0.3～0.4 V　　B. 0.5～0.6 V　　C. 0.5～0.7 V　　D. 0.5～0.8 V

132. 启动发动机时,每次接通启动机的时间不应超过(　　)。

A. 5 s　　B. 10 s　　C. 15 s　　D. 20 s

133. 蓄电池不是“自行放电”而没电的原因是(　　)。

A. 电解液不纯　　B. 蓄电池长期存放　　C. 正负极柱导通　　D. 电解液不足

134. 蓄电池电解液的浓度应为(　　)。

A. 1.84 g/cm^3　　B. 1.90 g/cm^3　　C. 2.00 g/cm^3　　D. 2.80 g/cm^3

135. 热车启动困难的主要原因是(　　)。

A. 供油不足　　B. 火花塞有故障　　C. 点火过早　　D. 混合气过浓

136. 汽油发动机启动困难的原因是(　　)。

A. 混合气过浓或过稀　　B. 点火不正时

C. 低压电路短路　　D. 低压电路断路

137. 下列汽油发动机启动困难的现象之一是(　　)。

A. 有着火征兆　　B. 无着火征兆　　C. 不能启动　　D. 顺利启动

138. 汽油发动机不能启动,检查电路,打开开关,电流表指示 3～5 A 而不做间歇摆动,则可能(　　)。

A. 分电器各接头接触不实　　B. 高压电路故障

C. 高压导线故障　　D. 点火线圈断路

139. 启动发动机时,无着火征兆,油路故障的原因可能是(　　)。

A. 混合气浓　　B. 混合气稀　　C. 不来油　　D. 来油不畅

140. 化油器发动机油路产生气阻将导致发动机(　　)。

A. 运行不稳　　B. 不能启动　　C. 爆振　　D. 冒黑烟

141. 六缸发动机怠速运转不稳,拔下第二缸高压线后,运转状况无变化,故障在(　　)。

A. 第二缸　　B. 相邻缸　　C. 中央高压线　　D. 化油器

142. 发动机运转不稳,消声器发出有节奏的(　　)声。

A. 嘟嘟　　B. 铛铛　　C. 嗒嗒　　D. 啦啦

143. 发动机运转不稳定的原因是(　　)。

A. 个别火花塞工作不良　　B. 分火头烧蚀

C. 发动机过冷　　D. 点火线圈过热

144. 以下不是发动机回火的原因的是(　　)。

A. 汽油滤清器堵塞或汽油中有水,或发生气阻

B. 汽油泵滤网过脏或滤杯漏气

C. 汽油泵进、出油阀贴合不严

D. 汽油泵泵油量过大

145. 以下不是发动机回火的原因的是(　　)。
A. 汽油泵与气缸体间衬垫过厚
B. 汽油泵摇臂和凸轮轴凸轮靠得过近或过远
C. 进气歧管衬垫损坏
D. 排气歧管衬垫损坏

146. 以下不是发动机回火的原因的是(　　)。
A. 混合气过稀　B. 汽油滤清器滤网过脏
C. 进气门关闭不严　D. 节气门清洗次数过多

147. 关于爆震的原因,甲说:空燃比不正确;乙说:发动机温度过高。对于以上说法(　　)。
A. 甲正确　B. 乙正确　C. 甲乙都正确　D. 甲乙都不正确

148. 关于爆震的原因,甲说:燃油辛烷值过低;乙说:发动机温度过高。对于以上说法(　　)。
A. 甲正确　B. 乙正确　C. 甲乙都正确　D. 甲乙都不正确

149. 关于爆震的原因,甲说:点火提前角过大;乙说:燃烧室积炭过多。对于以上说法(　　)。
A. 甲正确　B. 乙正确　C. 甲乙都正确　D. 甲乙都不正确

150. 关于发动机功率不足的原因,甲说:气门配气相位失准;乙说:气门密封不严。对于以上说法(　　)。
A. 甲正确　B. 乙正确　C. 甲乙都正确　D. 甲乙都不正确

151. 关于发动机功率不足的原因,甲说:点火正时不正确;乙说:高压火弱。对于以上说法(　　)。
A. 甲正确　B. 乙正确　C. 甲乙都正确　D. 甲乙都不正确

152. 关于发动机功率不足的原因,甲说:火花塞间隙不符合标准;乙说:分电器分火头损坏。对于以上说法(　　)。
A. 甲正确　B. 乙正确　C. 甲乙都正确　D. 甲乙都不正确

153. 下列选项中(　　)是连杆轴承异响的特征。
A. 较沉闷连续的当当金属敲击声　B. 发出较大清脆的当当金属敲击声
C. 尖脆的嗒嗒声　D. 发出散乱撞击声

154. 下列选项中(　　)不是连杆轴承异响的特征。
A. 温度升高,声音变化不大　B. 随发动机转速增加,声音加大
C. 尖脆的嗒嗒声　D. 发出较大清脆的当当金属敲击声

155. 关于连杆轴承异响,甲认为:发出较大清脆的当当金属敲击声;乙认为:也随发动机转速增加,声音加大;丙认为:发动机温度升高,声音减弱或消失。看法正确的是(　　)。
A. 甲和乙　B. 乙和丙　C. 丙和甲　D. 均正确

156. 下列选项中(　　)导致活塞销产生异响。
A. 活塞销松旷　B. 活塞磨损过大　C. 气缸磨损过大　D. 发动机压缩比过大

157. 下列选项中(　　)是活塞销松旷造成异响的特征。
A. 单缸断(油)时,声音减弱或消失,恢复工作时,声音明显或连续两声响声
B. 温度升高,声音减弱或消失
C. 较沉闷连续的当当金属敲击声
D. 随发动机转速增加,声音加大

158. 下列选项中(　　)不是活塞销松旷造成异响的特征。

A. 发出尖脆的嗒嗒声
B. 温度升高,声音减弱或消失
C. 怠速或低速较明显
D. 单缸断(油)时,声音减弱或消失,恢复工作时,声音明显或连续两声响声

159. 下列选项中(　　)是正时齿轮异响的特征。
A. 发动机转速升高,声音随之变小　　B. 声音与发动机温度有关
C. 发动机转速升高,声音随之加大　　D. 清脆的嗒嗒声

160. 下列选项中(　　)不是正时齿轮异响的特征。
A. 间隙小,发出嗡嗡声,间隙大,发出散乱撞击声
B. 发动机转速升高,声音随之加大
C. 声音与发动机温度无关
D. 发动机转速升高,声音随之变小

161. 关于发动机正时齿轮异响,甲认为:间隙小,发出嗡嗡声,间隙大,发出散乱撞击声;乙认为:发动机转速升高,声音随之加大;丙认为:声音与发动机温度有关。看法正确的是(　　)。
A. 甲和乙　　B. 乙和丙　　C. 丙和甲　　D. 均错

162. 关于发动机温度过高的主要原因,说法正确的是(　　)。
A. 空气滤清器滤芯堵塞,进气管道堵塞　　B. 发动机气门间隙过大
C. 汽油滤芯堵塞,油管堵塞　　D. 点火提前角过大或过小

163. 关于发动机温度过高的主要原因,甲认为:就是点火提前角过大或过小造成的;乙认为:可能是风扇 V 带松紧度过松造成的;丙认为:可能是节温器损坏造成的。说法不正确的是(　　)。
A. 甲和丙　　B. 乙和丙　　C. 甲和乙　　D. 均是

164. 下列(　　)不是发动机温度过高的主要原因。
A. 节温器损坏　　B. 冷却液过多
C. 点火提前角过大或过小　　D. 风扇 V 带松紧度过松

165. 关于发动机缺火,甲说:发动机分电器失效可导致发动机缺火;乙说:发动机点火器损坏可导致发动机缺火。看法正确的是(　　)。
A. 甲　　B. 乙　　C. 二者都正确　　D. 二者都不正确

166. 关于发动机缺火,甲说:发动机点火线圈失效可导致发动机缺火;乙说:发动机点火器损坏可导致发动机缺火。看法正确的是(　　)。
A. 甲　　B. 乙　　C. 二者都正确　　D. 二者都不正确

167. 关于发动机缺火,甲说:发动机个别缸火花塞不工作可导致发动机缺火;乙说:发动机个别缸高压线断路可导致发动机缺火。看法正确的是(　　)。
A. 甲　　B. 乙　　C. 二者都正确　　D. 二者都不正确

168. 下列选项中(　　)不是电控燃油喷射系统中空气供给系统的组成构件。
A. 进气管　　B. 空气滤清器　　C. 怠速旁通阀　　D. 进气压力传感器

169. 电控发动机燃油喷射系统中的怠速旁通阀是(　　)系统组成部分。
A. 供气　　B. 供油　　C. 控制　　D. 空调

170. 下列选项中(　　)不是电控发动机燃油喷射系统的组成部分。

A. 空气系统　B. 燃油系统　C. 控制系统　D. 空调系统

171. 电控燃油系统中，燃油压力通过(　　)调节。

A. 喷油器　B. 燃油泵　C. 压力调节器　D. 输油管

172. 用来检测进气压力的传感器是(　　)传感器。

A. 进气温度　B. 进气压力　C. 曲轴位置　D. 进气温度

173. 电控燃油系统空气供给系统中，检测进气压力的是(　　)。

A. 怠速旁通阀　B. 进气压力传感器　C. 空气滤清器　D. 进气管

174. 与传统化油器发动机相比，装有电控燃油喷射系统的发动机，其燃料消耗可降低(　　)。

A. 5%～10%　B. 5%～15%　C. 15%～20%　D. 20%

175. 与传统化油器发动机相比，装有电控燃油喷射系统的发动机，其功率提高(　　)。

A. 5%～10%　B. 10%～15%　C. 15%～20%　D. 20%

176. 电控燃油喷射系统能实现(　　)的高精度控制。

A. 空燃比　B. 点火高压　C. 负荷　D. 转速

177. 氧传感器检测发动机排气中氧的含量，向 ECU 输入空燃比反馈信号，进行喷油量的(　　)。

A. 开环控制　B. 闭环控制　C. 控制　D. 开环或闭环控制

178. 电控点火装置(ESA)的控制主要包括点火提前角，通电时间及(　　)控制等方面。

A. 燃油停供　B. 废气再循环　C. 爆震防止　D. 点火高压

179. 电控燃油喷射(EFI)主要包括喷油量、喷射正时、燃油停供和(　　)的控制。

A. 燃油泵　B. 点火时刻　C. 怠速　D. 废气再循环

180. 1995 年 7 月 10 日后，定型柴油汽车的烟度值排放应小于(　　)。

A. 5.0 FSN　B. 4.5 FSN　C. 4.0 FSN　D. 3.5 FSN

181. 1995 年 7 月 10 日后生产的在用轻型汽油车(四冲程)的 HC 排放应小于(　　)。

A. 600 ppm　B. 700 ppm　C. 900 ppm　D. 1 200 ppm

182. 1995 年 7 月 10 日后生产的在用重型汽油车，CO 的排放应小于(　　)。

A. 3.0%　B. 3.5%　C. 4.0%　D. 4.5%

183. 检测排放时，取样探头插入排气管的深度不小于(　　)，否则排气管应加接。

A. 200 mm　B. 250 mm　C. 300 mm　D. 350 mm

184. 检测汽油车废气时，应清除取样探头上残留的(　　)，以保证检测的准确性。

A. CO　B. HC　C. CO 和 HC　D. NO

185. 汽油车检测排放时，发动机应处于(　　)状态。

A. 中速　B. 低速　C. 怠速　D. 加速

186. 电控轿车在车身上进行焊修时，应先断开(　　)电源。

A. 启动　B. 电脑　C. 点火　D. 空调

187. 对电控燃油喷射发动机电控系统进行检修时，应先将点火开关(　　)，并将蓄电池搭铁线拆下。

A. 打开　B. 关闭　C. 打开或关闭　D. 关闭再打开

188. 电控燃油喷射发动机严禁在运转时将(　　)从电路中断开。

A. 蓄电池　B. 传感器　C. 点火线圈　D. 电动汽油泵

189. 电控汽油喷射发动机启动困难是指(　　)启动困难。

A. 热车　　B. 冷车　　C. 常温　　D. 热车、冷车、常温

190. 电控汽油喷射发动机怠速不稳是指发动机在怠速运转时(　　)。

A. 转速过高　　B. 转速过低　　C. 忽高忽低　　D. 突然熄火

191. 电控汽油喷射发动机(　　)是指发动机进气歧管处有可燃混合气燃烧从而产生异响的现象。

A. 回火　　B. 放炮　　C. 行驶无力　　D. 失速

192. 电控发动机可用(　　)检查油压调节器是否有故障。

A. 模拟式万用表　　B. 万用表　　C. 油压表　　D. 油压表或万用表

193. 电控发动机可用(　　)检查进气压力传感器或电路是否有故障。

A. 油压表　　B. 数字式万用表

C. 模拟式万用表　　D. 油压表或数字式万用表

194. 用(　　)检查电控燃油汽油机各缸是否工作。

A. 数字式万用表　　B. 单缸断火法　　C. 模拟式万用表　　D. 双缸断火法

195. 下列选项中(　　)用于检测柴油车废气中有害气体的含量。

A. 烟度计　　B. 废气分析仪　　C. 示波器　　D. 万用表

196. 烟度计在使用前要按规定项目进行检查、校准,还要预热(　　)以上。

A. 5 min　　B. 10 min　　C. 15 min　　D. 25 min

197. 柴油车废气检测时,发动机首先应(　　),以保证检测的准确性。

A. 调整怠速　　B. 调整点火正时　　C. 预热　　D. 加热

198. 用汽车万用表测量空调出风口湿度时,温度传感器应放在(　　)。

A. 驾驶室内　　B. 驾驶室外　　C. 高压管路内　　D. 风道内

199. 检测线路是否断路应选择万用表(　　)挡。

A. 直流电压　　B. 交流电压　　C. 欧姆　　D. 蜂鸣

200. 用汽车万用表测量发动机转速,红表笔应连(　　),黑表笔搭铁。

A. 点火线圈负接线柱　　B. 点火线圈正接线柱

C. 转速传感器　　D. 分电器中央高压线

201. 用诊断仪读取故障码时,应选择(　　)。

A. 故障诊断　　B. 数据流　　C. 执行元件测试　　D. 基本设定

202. 用配备测试卡的诊断仪测试不同的车时,应选用(　　)的测试卡。

A. 故障诊断　　B. 相同　　C. 不同尺寸　　D. 不同型号

203. 以下诊断仪中属于大众公司专用诊断仪的是(　　)。

A. Tech-1　　B. V.A.G1551　　C. 电眼睛　　D. 修车王

204. 桑塔纳 2000GLS 型轿车 JV 型发动机怠速转速在(800 ± 50) r/min 时,点火提前角应为(　　)。

A. 11°～13°　　B. 11°～12°　　C. 10°～11°　　D. 9°～10°

205. 检测桑塔纳 2000GLS 型轿车 JV 型发动机点火提前角时,可旋松分电器固定螺钉,旋转分电器盘直到校准到(　　)为止。

A. 8°～10°　　B. 10°～12°　　C. 11°～13°　　D. 13°～14°

206. 检测桑塔纳 2000GLS 型轿车 JV 型发动机点火提前角时,应将怠速转速调在(　　),变速器置于空挡。

A.（500 ± 50）r/min　　B.（600 ± 50）r/min

C.（800 ± 50）r/min　　D.（900 ± 50）r/min

207. 检测桑塔纳 2000GLS 型轿车 JV 型发动机时，可用数字式万用表的（　　）点火控制器端子，查看电压大小是否符合技术要求。

A. 红笔搭铁，黑笔搭接　　B. 黑笔搭铁，红笔搭接

C. 红笔搭接　　D. 黑笔搭接

208. 打开桑塔纳 2000GLS 型轿车点火开关，用数字式万用表的直流电压挡测量（　　）的电压，可检查电子控制器的故障。

A. 点火控制器　　B. 点火线圈

C. 霍尔传感器　　D. 点火控制器或点火线圈

209. 打开桑塔纳 2000GLS 型轿车点火开关，用数字式万用表的（　　）挡测量点火控制器端子的电压，可检查点火控制器的故障。

A. 欧姆　　B. 直流电压　　C. 兆欧　　D. 交流电压

210. 以下属于混合气过浓引发的故障的是（　　）。

A. 发动机油耗高　　B. 发动机怠速不稳　　C. 发动机加速不良　　D. 发动机减速不良

211. 以下属于混合气过浓引发的故障的是（　　）。

A. 发动机不能启动　　B. 发动机怠速不稳　　C. 发动机加速不良　　D. 发动机减速不良

212. 以下不属于混合气过浓的原因的是（　　）。

A. 空气滤清器堵塞　　B. 进气歧管堵塞　　C. 油压过高　　D. 汽油泵磨损

213. 下列选项中（　　）可导致柴油机排放污染物中碳烟浓度过大。

A. 喷油器喷雾质量过差　　B. 高压油管压力过小

C. 喷油泵泵油压力过小　　D. 低压油管压力过小

214. 改善喷油器喷雾质量可降低柴油机排放污染物中（　　）的含量。

A. 碳烟　　B. 水　　C. 二氧化硫　　D. 氮

215. YC6105QC 型柴油机所用的 CKBL68S001 型喷油器的（　　）压力应为（23.0 ± 5）MPa。

A. 泵油　　B. 喷油　　C. 回油　　D. 输油

216. 柴油机喷油器（　　）实验，以每秒 3 次的速度均匀地掀动手油泵柄，直到开始喷油。

A. 倾斜性　　B. 压力　　C. 密封性　　D. 防漏

217. 喷油器试验器用油应为沉淀后的（　　）。

A.“0”号轻柴油　　B.“0”号重柴油　　C. 汽油　　D. 机油

218. 桑塔纳 2000GLI 型轿车的 AFE 发动机，在怠速状态下，不取下真空软管，燃油压力应为（　　）。

A.（200 ± 20）kPa　　B.（250 ± 20）kPa　　C.（300 ± 20）kPa　　D.（400 ± 20）kPa

219. 桑塔纳 2000GLI 型轿车的 AFE 发动机，在怠速状态下，取下真空管软管，燃油压力应为（　　）。

A.（200 ± 20）kPa　　B.（250 ± 20）kPa　　C.（300 ± 20）kPa　　D.（400 ± 20）kPa

220. 电控燃油喷射系统保持压力下降较快，应检查燃油泵上的（　　）和燃油系统的密封性。

A. 燃油滤清器　　B. 止回阀　　C. 喷油器　　D. 真空管

221. 检测电控发动机燃油泵工作电压时，蓄电池电压、（　　）、燃油滤清器和燃油泵电器均应正常。

A. 点火线圈电压　　B. 发电机电压　　C. 燃油泵熔丝　　D. 燃油泵

222. 检测电控发动机燃油泵工作电压时，（　　）、燃油泵熔丝、燃油滤清器和燃油泵继电器均应正常。

A. 蓄电池电压　　B. 点火线圈电压　　C. 发电机电压　　D. 燃油泵

223. 检测电控发动机燃油泵工作电压时，蓄电池电压、燃油泵熔丝、（　　）和燃油滤清器均应正常。

A. 点心火线圈电压　B. 燃油泵继电器　　C. 燃油泵　　D. 发电机电压

二、判断题（对的画"√"，错的画"×"）

（　　）1. 形位公差研究构成零件几何特征的点、线、面等几何要素。

（　　）2. 经修理后，力学性能不能恢复的零件应定为报废件。

（　　）3. 发动机缸壁间隙过小会导致连杆弯曲和拉伤缸壁。

（　　）4. 发动机进气门对面略偏向排气门一侧的缸壁磨损量较大的原因是排气门温度较高导致润滑差。

（　　）5. 装配时气缸盖螺栓扭紧力不均匀会导致气缸盖翘曲变形。

（　　）6. 气缸体工作时受热不均匀会导致气缸体变形。

（　　）7. 气缸盖变形的主要形式是扭曲。

（　　）8. 曲轴轴颈表面的烧伤是由润滑油压力不足或轴颈与轴承之间间隙过小等原因造成的。

（　　）9. 凸轮轴轴颈表面的烧伤可能是由轴颈与轴承之间间隙过小造成的。

（　　）10. 发动机气缸盖翘曲，不可用敲击法校正。

（　　）11. 对发动机气缸体进行水压试验时的压力，未修补的缸体为 400～500 kPa，已修补的为 300～400 kPa。

（　　）12. 发动机曲轴裂纹检查的最简单方法是敲击法。

（　　）13. 通过检测发动机凸轮轴凸轮的高度可判断气门升程的变化。

（　　）14. 发动机气缸套承孔内径修理尺寸的级差为 0.5 mm，共三个级别。

（　　）15. 修复后的曲轴油道应清洁畅通，油孔应有倒角。

（　　）16. 气门工作面磨损的检修主要是在气门光磨机上进行。

（　　）17. 校正后的发动机凸轮轴弯曲度应不大于 0.03 mm。

（　　）18. 电动燃油泵可以根据发动机转速的变化而改变泵油量。

（　　）19. 喷油器开启持续时间由点火开关控制。

（　　）20. 空气流量计失效会导致发动机水温过高。

（　　）21. 进气温度传感器是一个具有正温度系数的热敏电阻。

（　　）22. 节气门位置传感器用于检测发动机的节气门开度。

（　　）23. 燃油压力的大小与发动机负荷没有任何关系。

（　　）24. 喷油器的工作电压有 5 V 和 12 V 两种。

（　　）25. 怠速控制阀不受发动机电控单元控制。

（　　）26. 检测空气流量计的输出信号应采用发光二极管。

（　　）27. 冷却液温度传感器安装在水道上。

（　　）28. 当发动机达到一定水温时，蜡式节温器主阀门开始打开，部分冷却液开始进行大循环。

( ) 29. 当气流温度超过 65 ℃时，硅油风扇离合器从动板上的进油口打开，硅油进入工作室。

( ) 30. 如果溢水孔被堵死，泄漏的冷却液就会进入水泵轴承内，导致轴承的损坏。

( ) 31. 机油泵的动力源自发动机曲轴。

( ) 32. 任何水都可以直接作为冷却水加注在汽车水箱内。

( ) 33. 硅油风扇离合器漏油，风扇转速会升高，引起发动机过冷。

( ) 34. 汽油泵膜片破裂时应更换新膜片。

( ) 35. 夏利轿车采用闭磁路点火线圈。

( ) 36. 解放 CA1092 型汽车分电器点火信号传感器转子与定子爪极间隙应为 0.4 mm。

( ) 37. 断电器由一对触点和凸轮组成，其作用是周期性接通和切断低压电路。

( ) 38. 闭磁路式点火线圈多用于电子点火系。

( ) 39. 热型火花塞适用于中低速低压缩比的小功率发动机。

( ) 40. 冷型火花塞热值小。

( ) 41. 进行跳火试验时，若中心高压线末端对分火头跳出火花，表明分火头已击穿。

( ) 42. 用试灯可以检查点火线圈是否有故障。

( ) 43. 若火花塞间隙不符合规定值，可用专用工具扳动侧电极进行调整。

( ) 44. 模拟触发叶轮叶片在气隙中动作，如果高压线端部跳火，说明霍尔发生器有故障。

( ) 45. 蓄电池一般由 3 个或 6 个单体电池串联而成。

( ) 46. 毫无着火征兆的一般属于发动机电路故障。

( ) 47. 桑塔纳发动机中央高压线，电阻应为 2～2.8 kΩ。

( ) 48. 发动机分电器凸轮磨损不均匀，将使发动机运转不稳。

( ) 49. 汽油滤清器滤网过脏，阻力增大，阻碍化油器进油。

( ) 50. 燃烧室积炭会导致发动机产生爆震现象。

( ) 51. 空气滤清器堵塞会导致发动机功率不足。

( ) 52. 发出较大清脆的当当金属敲击声是连杆轴承异响的特征之一。

( ) 53. 随发动机转速增加，声音加大是活塞销松旷造成异响的特征。

( ) 54. 发动机转速升高，声音随之加大是正时齿轮异响的特征之一。

( ) 55. 发动机温度过高就是因为节温器损坏。

( ) 56. 汽油滤清器堵塞不会引起发动机怠速不稳。

( ) 57. 电控单元是电控发动机电子控制系统的重要组成部分。

( ) 58. 电控单元不能控制燃油泵输油量。

( ) 59. 电控发动机采用氧传感器反馈控制能进一步精确控制点火时刻。

( ) 60. 曲轴位置传感器检测曲轴转角信号输入 ECU 作为点火控制主控信号，而不作为喷射信号。

( ) 61. 在用汽油车废气排放标准为 CO 小于 4.5%，HC 小于 1 200 ppm。

( ) 62. 汽油车废气排放检测方法采用自由加速的方法。

( ) 63. 电控汽油喷射发动机排放超标是指经检测排放超标。

( ) 64. 当电控发动机出现故障时必须将蓄电池从电路中断开，用“解码器”进行测试。

( ) 65. 可以用万用表检查电控发动机节气门位置传感器及其电路是否有故障。

(　　)66. 测烟度值时一般要取 3 个值的算术平均值作为所测烟度值。
(　　)67. 检测发电机整流器的性能应选用万用表“二极管”挡。
(　　)68. 汽车故障诊断仪就是解码仪。
(　　)69. 发动机的点火提前角一般在 11°～13° 之间。
(　　)70. 用万用表检查发动机电子点火控制器端子电阻可以确定点火控制器或有关电路故障。
(　　)71. 混合气过浓会导致发动油耗过高。
(　　)72. 排气管冒黑烟的原因主要是喷油压力不足。
(　　)73. 进行柴油机喷油器密封试验时，喷油器不允许有微量的滴油现象。
(　　)74. 电控燃油喷射发动机燃油压力检测时，应关闭点火开关，将油压表接在供油管和分配管之间。
(　　)75. 电控发动机燃油泵工作电压应该用模拟式万用表检测。

参考答案

一、单项选择题

1. B	2. C	3. A	4. A	5. C	6. B	7. A	8. B	9. A	10. A
11. B	12. D	13. B	14. C	15. D	16. B	17. D	18. C	19. C	20. A
21. B	22. D	23. A	24. C	25. C	26. D	27. A	28. D	29. C	30. B
31. D	32. B	33. C	34. C	35. D	36. B	37. D	38. C	39. A	40. C
41. A	42. B	43. B	44. D	45. B	46. A	47. B	48. C	49. C	50. B
51. A	52. D	53. A	54. C	55. B	56. A	57. A	58. D	59. A	60. B
61. C	62. B	63. B	64. B	65. B	66. B	67. B	68. A	69. B	70. C
71. C	72. C	73. A	74. C	75. B	76. B	77. C	78. B	79. C	80. C
81. A	82. C	83. D	84. A	85. A	86. C	87. A	88. A	89. A	90. D
91. D	92. A	93. B	94. C	95. C	96. C	97. C	98. A	99. A	100. C
101. C	102. D	103. A	104. B	105. D	106. A	107. A	108. C	109. A	110. A
111. B	112. B	113. D	114. D	115. D	116. C	117. A	118. D	119. B	120. A
121. C	122. B	123. A	124. B	125. C	126. C	127. A	128. C	129. B	130. A
131. A	132. A	133. D	134. A	135. D	136. A	137. A	138. B	139. C	140. B
141. A	142. A	143. A	144. D	145. D	146. D	147. C	148. C	149. C	150. C
151. C	152. C	153. B	154. C	155. A	156. A	157. A	158. B	159. C	160. D
161. A	162. A	163. B	164. B	165. A	166. D	167. C	168. D	169. A	170. D
171. C	172. B	173. B	174. B	175. A	176. A	177. B	178. C	179. A	180. D
181. C	182. D	183. C	184. B	185. C	186. B	187. B	188. A	189. D	190. C
191. A	192. C	193. B	194. B	195. A	196. A	197. C	198. D	199. D	200. A
201. A	202. A	203. B	204. A	205. C	206. C	207. B	208. A	209. B	210. A
211. A	212. D	213. A	214. A	215. B	216. C	217. A	218. B	219. C	220. B
221. C	222. A	223. B							

二、判断题

1. √ 2. √ 3. √ 4. × 5. √ 6. √ 7. × 8. √ 9. √ 10. √
11. × 12. √ 13. √ 14. √ 15. √ 16. √ 17. √ 18. × 19. × 20. ×
21. × 22. √ 23. × 24. × 25. × 26. × 27. √ 28. √ 29. √ 30. √
31. √ 32. × 33. × 34. √ 35. √ 36. √ 37. √ 38. √ 39. √ 40. √
41. √ 42. √ 43. × 44. × 45. √ 46. × 47. × 48. √ 49. √ 50. √
51. √ 52. √ 53. × 54. √ 55. × 56. × 57. √ 58. × 59. × 60. ×
61. × 62. √ 63. √ 64. × 65. × 66. √ 67. √ 68. × 69. × 70. ×
71. √ 72. √ 73. √ 74. √ 75. ×

第五单元 汽车底盘维护

学习目标

（1）二级维护前底盘的检测与附加作业的确定。

（2）底盘二级维护附加作业。

考核要点

考核类别	考核范围	考　　核　　点	重要程度
汽车底盘维护	二级维护前底盘的检测与附加作业的确定使用	前轮定位检测的技术要求	★★
		转向系检测的技术要求	★★
		轮胎检测的技术要求	★★
汽车底盘维护	二级维护前底盘的检测与附加作业的确定使用	行车制动系检测的技术要求	★★
		驻车制动系检测的技术要求	★★
		液压制动系检测的技术要求	★★
		气压制动系检测的技术要求	★★
		转向盘自由转动量的检测	★★
		行车制动性能的检验	★★
		应急制动性能的检验	★★
		驻车制动性能的检验	★★
		液压制动系的检验	★★
		气压制动系统的检验	★★
	底盘二级维护附加作业	变速器的分解、组装与调整	★★
		变速器的竣工验收	★★

考点导航

一、二级维护前底盘的检测与附加作业的确定

(1)前轮定位检测的技术要求。
(2)转向系检测的技术要求。
(3)轮胎检测的技术要求。
(4)行车制动系检测的要求。
(5)驻车制动系检测的要求。
(6)液压制动系检测的要求。
(7)气压制动系检测的要求。
(8)转向盘自由转动量的检测。
(9)行车制动性能的检验。
(10)应急制动性能的检验。
(11)驻车制动性能的检验。
(12)液压制动系的检验。
(13)气压制动系统的检验。

二、底盘二级维护附加作业

(1)变速器的分解、组装与调整。
(2)变速器的竣工验收。

仿真训练

一、单项选择题(请将正确选项的代号填入题内的括号中)

1. EQ1092F 车的前轮外倾角为(　　),主销内倾角为 6°。
A. 1°　　B. 2°　　C. 3°　　D. 4°
2. EQ1092F 车的前轮外倾角为 1°,主销内倾角为(　　)。
A. 3°　　B. 4°　　C. 5°　　D. 6°
3. EQ1092F 车的普通轮胎前束值应为(　　),子午线轮胎的前束值应为 1～3 mm。
A. 1～5 mm　　B. 6～10 mm　　C. 11～15 mm　　D. 16～20 mm
4. EQ1092F 车的转向盘(　　)转动量应为 15°～30°。
A. 最小　　B. 自由　　C. 最大　　D. 极限
5. EQ1092F 车的转向盘自由转动量应为(　　)。
A. 1°～15°　　B. 15°～30°　　C. 30°～45°　　D. 45°～60°
6. 转向盘(　　)转动量是指将转向盘转动而车轮不随之摆动这一过程转向盘所转过的角度。
A. 最小　　B. 自由　　C. 最大　　D. 极限
7. 二级维护前检测桑塔纳 LX 型轿车的轮胎气压应符合规定:前轮(　　),后轮 190 kPa;车轮动不平衡量为零。
A. 180 kPa　　B. 200 kPa　　C. 300 kPa　　D. 400 kPa
8. 二级维护前检测桑塔纳 LX 型轿车轮胎应无异常磨损。轮胎胎冠花纹深度应大于(　　)。

A. 1.2 mm　B. 1.6 mm　C. 1.8 mm　D. 2.0 mm

9. 二级维护前检测桑塔纳 LX 型轿车的轮胎气压应符合规定：前轮 180 kPa，后轮(　　)；车轮动不平衡量为零。

A. 190 kPa　B. 200 kPa　C. 300 kPa　D. 400 kPa

10. 行车制动在产生最大制动作用时的踏板力，对于座位数小于或等于 9 的载客汽车应不大于(　　)。

A. 100 N　B. 200 N　C. 500 N　D. 800 N

11. 行车制动在产生最大制动作用时的踏板力，对于座位数小于或等于(　　)的载客汽车应不大于 500 N。

A. 5　B. 6　C. 9　D. 11

12. 关于行车制动性能的要求，甲说：汽车行车制动、应急制动和驻车制动的各系统应以某种方式相连；乙说：各种制动系统在其中之一失效时，汽车应能正常制动。对于以上说法(　　)。

A. 甲正确　B. 乙正确　C. 甲乙都正确　D. 甲乙都不正确

13. 用手施加于驻车制动装置操纵装置上的力，对于座位数大于 9 的载客汽车应不大于(　　)。

A. 100 N　B. 200 N　C. 400 N　D. 600 N

14. 用手施加于驻车制动装置操纵装置上的力，对于座位数小于或等于 9 的载客汽车应不大于(　　)。

A. 100 N　B. 200 N　C. 400 N　D. 600 N

15. 用脚施加于驻车制动装置操纵装置上的力，对于座位数大于 9 的载客汽车应不大于(　　)。

A. 100 N　B. 200 N　C. 500 N　D. 700 N

16. 液压行车制动系在达到规定的制动效能时，踏板行程不得超过踏板全行程的(　　)。

A. 1/4　B. 1/2　C. 3/4　D. 7/8

17. 液压行车制动系在达到规定的制动效能时，对于制动器装有自动调整间隙装置的车辆的踏板行程不得超过踏板全行程的(　　)。

A. 1/4　B. 1/2　C. 3/4　D. 4/5

18. 液压行车制动系在达到规定的制动效能时，对于座位数大于 9 的载客汽车踏板行程应不得超过(　　)。

A. 80 mm　B. 100 mm　C. 120 mm　D. 150 mm

19. 采用气压制动的机动车当气压升至 600 kPa 且不使用制动的情况下，停止空气压缩机 3 min 后，其气压的降低值应不大于(　　)。

A. 5 kPa　B. 10 kPa　C. 15 kPa　D. 20 kPa

20. 采用气压制动系统的机动车，发动机在 75% 的标定功率转速下，(　　)内气压表的指示气压应从零开始升至起步气压。

A. 1 min　B. 2 min　C. 3 min　D. 4 min

21. 采用气压制动的机动车当气压升至 600 kPa 且不使用制动的情况下，停止空气压缩机(　　)后，其气压的降低值应不大于 10 kPa。

A. 1 min　B. 3 min　C. 5 min　D. 7 min

22. 机动车转向盘的最大自由转动量对于最大设计车速大于100 km/h的机动车不得大于(　　)。

A. 5°　　B. 10°　　C. 15°　　D. 20°

23. 机动车转向盘的最大自由转动量对于最大设计车速小于100 km/h的机动车不得大于(　　)。

A. 5°　　B. 10°　　C. 15°　　D. 20°

24. 机动车转向盘的最大自由转动量对于最大设计车速等于100 km/h的机动车不得大于(　　)。

A. 5°　　B. 10°　　C. 15°　　D. 20°

25. 乘用车在50 km/h的初速度下采用行车制动系统制动时,满载检验时制动距离要求小于等于(　　)。

A. 10 m　　B. 20 m　　C. 40 m　　D. 50 m

26. 总质量不大于3 500 kg的低速货车在30 km/h的初速度下采用行车制动系统制动时,满载检验时制动距离要求小于等于(　　)。

A. 9 m　　B. 19 m　　C. 29 m　　D. 39 m

27. 总质量不大于3 500 kg的低速货车在30 km/h的初速度下采用行车制动系统制动时,空载检验时制动距离要求小于等于(　　)。

A. 8 m　　B. 18 m　　C. 28 m　　D. 38 m

28. 客车在30 km/h的初速度下采用应急制动系统制动时,制动距离要求小于等于(　　)。

A. 18 m　　B. 28 m　　C. 38 m　　D. 48 m

29. 货车在30 km/h的初速度下采用应急制动系统制动时,制动距离要求小于等于(　　)。

A. 10 m　　B. 20 m　　C. 30 m　　D. 40 m

30. 下列选项中(　　)在30 km/h的初速度下采用应急制动系统制动时,制动距离要求小于等于20 m。

A. 货车　　B. 客车　　C. 乘用车　　D. 特种车

31. 在空载状态下,驻车制动装置应能保证机动车在坡度为20%、轮胎与路面间的附着系数不小于(　　)的坡道上正、反两个方向保持固定不动,其时间不应少于5 min。

A. 0.7　　B. 0.8　　C. 0.9　　D. 1.0

32. 在空载状态下,驻车制动装置应能保证机动车在坡度为20%、轮胎与路面间的附着系数不小于0.7的坡道上正、反两个方向保持固定不动,其时间不应少于(　　)。

A. 2 min　　B. 3 min　　C. 4 min　　D. 5 min

33. 对于允许挂接挂车的汽车,其驻车制动装置必须能使汽车在满载状态下时能停在坡度(　　)的坡道上。

A. 2%　　B. 5%　　C. 8%　　D. 12%

34. 液压制动系统在(　　)之前,一定要排气。

A. 装车　　B. 检修　　C. 修理后　　D. 装配

35. 液压制动泵的安装程序是:安装真空助力器、制动主缸、(　　)和制动踏板。

A. 制动传动装置　　B. 拉杆　　C. 制动分泵　　D. 制动软管

36. 制动主缸装配前,用(　　)清洗缸壁。

A. 酒精　　B. 汽油　　C. 柴油　　D. 防冻液

37. 解放 CA1092 型汽车制动鼓工作表面粗糙度 *Ra* 为(　　)。

A. 10～15 μm　　B. 5～10 μm　　C. 10～12 μm　　D. 2～5 μm

38. 解放 CA1092 型汽车制动蹄摩擦衬片表面铆钉头深度小于(　　)。

A. 0.05 mm　　B. 0.08 mm　　C. 0.50 mm　　D. 0.80 mm

39. 解放 CA1092 型汽车支承销与底板销孔的配合间隙应为(　　)。

A. 0.02～0.085 mm　　B. 0.08～0.18 mm　　C. 0.05～0.10 mm　　D. 0.15～0.25 mm

40. 变速器挂入传动比大于 1 的挡位时，变速器实现(　　)。

A. 减速增扭　　B. 增扭升速　　C. 增速增扭　　D. 减速减扭

41. 东风 EQ1092 型汽车变速器使用的是(　　)同步器。

A. 惯性锁销式　　B. 惯性锁环式　　C. 自动增力式　　D. 强制锁止式

42. 东风 EQ1092 型汽车变速器共有(　　)挡位。

A. 3 个　　B. 4 个　　C. 5 个　　D. 6 个

43. 变速器无负荷试验时，(　　)轴的转速应在 1 000～1 400 r/min 范围内。

A. 第一　　B. 第二　　C. 中间　　D. 倒挡

44. 变速器验收时各密封部位不得漏油，润滑油温度不得越过室温(　　)。

A. 40 ℃　　B. 50 ℃　　C. 80 ℃　　D. 90 ℃

45. 变速器验收时，各挡噪声一般均不得高于(　　)。

A. 83 dB　　B. 85 dB　　C. 88 dB　　D. 90 dB

二、判断题（对的画“√”，错的画“×”）

(　　) 1. 桑塔纳 LX 型轿车右前轮外倾角为 −30′ ± 20′。

(　　) 2. 桑塔纳 LX 型轿车转向盘自由转动量应为 15°～30°。

(　　) 3. 二级维护前检测桑塔纳 LX 型轿车，轮胎气压应符合规定：前轮 180 kPa，后轮 190 kPa。

(　　) 4. 行车制动系的踏板自由行程越小越好。

(　　) 5. 用脚施加于驻车制动装置操纵装置上的力，对于座位数大于 9 的载客汽车应不大于 300 N。

(　　) 6. 液压行车制动系在达到规定的制动效能时，对于座位数大于 9 的载客汽车踏板行程应不得超过 100 mm。

(　　) 7. 汽车气压制动系储气筒的容量应保证在调压阀调定的最高气压下，且在不继续充气的情况下，机动车在连续 5 次踩到底的全行程制动后，气压不低于起步气压。

(　　) 8. 机动车转向盘的最大自由转动量对于最大设计车速大于 100 km/h 的机动车不得大于 20°。

(　　) 9. 总质量不大于 3 500 kg 的低速货车在 30 km/h 的初速度下采用行车制动系统制动时，满载检验时制动距离要求小于等于 8 m。

(　　) 10. 客车在 30 km/h 的初速度下采用应急制动系统制动时，制动距离要求小于等于 40 m。

(　　) 11. 在空载状态下，驻车制动装置应能保证机动车在坡度为 20%、轮胎与路面间的附着系数不小于 0.7 的坡道上正、反两个方向保持固定不动，其时间不应少于 5 min。

（　　）12. 制动分泵的皮碗用汽油清洗。
（　　）13. 汽车气压制动系的空气压缩机组装后可直接装车。
（　　）14. 变速器互锁装置的作用是防止变速器同时挂上两个挡位。

参考答案

一、单项选择题

1. A	2. D	3. A	4. B	5. B	6. B	7. A	8. B	9. A	10. C
11. C	12. C	13. D	14. C	15. D	16. C	17. D	18. D	19. B	20. D
21. B	22. B	23. C	24. D	25. B	26. A	27. A	28. A	29. B	30. A
31. A	32. D	33. D	34. A	35. B	36. A	37. B	38. C	39. A	40. A
41. A	42. D	43. A	44. A	45. C					

二、判断题

1. √	2. ×	3. √	4. ×	5. ×	6. ×	7. √	8. √	9. ×	10. ×
11. √	12. ×	13. ×	14. √						

第六单元　汽车底盘故障诊断与排除

学习目标

（1）离合器的检修。
（2）手动变速器的检修。
（3）自动变速器的检修。
（4）驱动桥的检修。
（5）万向传动装置的检修。
（6）机械转向器的检修。
（7）行驶系统的检修。
（8）汽车制动系的检修。
（9）汽车底盘故障诊断与排除。

考核要点

考核类别	考核范围	考　核　点	重要程度
汽车底盘故障诊断与排除	离合器的检修	膜片弹簧离合器的结构和工作原理	★
		检查离合器	★★
		离合器的装配与调整	★★
	手动变速器的检修	手动变速器的结构和工作原理	★★
		变速器轴的检修	★★

续表

考核类别	考核范围	考　核　点	重要程度
汽车底盘故障诊断与排除	手动变速器的检修	变速器齿轮的检修	★★
		同步器的结构与原理	★★
		GB5372 汽车变速器修理技术条件	★
		变速器的分解、组装与调整	★★
	自动变速器的检修	自动变速器的组成、分类	★
		自动变速器液压传动装置工作过程	★★
		自动变速器失速实验注意事项	★★
		自动变速器油的种类及其选用原则	★
	驱动桥的检修	主减速器的结构和工作原理	★
		差速器的构造和工作原理	★
		主减速器分解、组装与调整	★★
		主减速器啮合印痕的调整	★★
		GB8825 汽车驱动桥修理技术条件	★★
	万向传动装置的检修	万向节的结构和工作原理	★
		GB8824 汽车传动轴修理技术条件	★
		装配传动轴总成	★
	机械转向器的检修	汽车转向器的分类、结构与工作原理	★
		GB8823 前桥及转向系修理技术条件	★
		转向系的检查与维修	★★★
	汽车行驶系的检查	载货汽车行驶系的结构和工作原理	★
		轿车行驶系的构造和工作原理	★
		前、后悬架系统部分零件的检查	★★
		转向轮定位角的作用和原理	★★
	汽车制动系统的检修	鼓式制动器的结构和工作原理	★★
		盘式制动器的结构和工作原理	★★
		真空增压液压制动传动装置的组成	★★
		气压制动控制阀的结构和工作原理	★
		液压双管路制动总泵的结构和工作原理	★★
		压力调节组合阀的结构和工作原理	★
		空气助力液压制动传动装置的组成	★★
		真空助力式液压制动传动装置的组成	★★
		空气液压制动传动装置的分类	★
		制动器间隙的调整	★★
		车轮制动器的装配与调整	★★★
		车轮制动器主要零件的检修	★★

续表

考核类别	考核范围	考核点	重要程度
汽车底盘故障诊断与排除	汽车制动系统的检修	汽车鼓式制动器的检修	★★
		汽车盘式制动器的检修	★★
		驻车制动器的结构与原理	★★
		驻车制动器的检修	★★
	汽车底盘故障诊断与排除	合同法相关知识	★★
		质量管理法相关知识	★★
		汽车离合器异响的诊断及排除方法	★★★
		汽车手动变速器异响的现象、原因	★★
		汽车变速器异响诊断与排除	★★★
		汽车万向传动装置异响的现象、原因	★★
		汽车万向传动装置异响的诊断方法	★★★
		汽车后桥异响的现象、原因	★★
		汽车后桥异响的诊断方法	★★
		转向沉重的主要原因	★★
		行驶跑偏的主要原因	★★
		行驶时方向打摆的主要原因	★★
		动力转向沉重的主要原因	★★
		方向发飘或跑偏的主要原因	★★
		左右转向力不一致的主要原因	★★
		悬架系统损坏引起的常见故障	★★★
		车身倾斜的主要原因	★★
		行驶中有撞击声或异响的主要原因	★★★
		汽车行驶跑偏的主要原因	★★★
		制动跑偏、甩尾的主要原因	★★★
		轮胎异常磨损的主要原因	★★★
		无气压或气压低引起气压制动系制动失效的主要原因	★★
		气压正常而气压制动系制动失效的主要原因	★★
		气压制动系制动不良的主要原因	★★★
		气压制动系跑偏的主要原因	★★★
		制动甩尾的主要原因	★★★
		制动拖滞的主要原因	★★★
		液压制动系制动不良、失效的主要原因	★★★
		液压制动系卡死的主要原因	★★★
		传动系疑难故障判断与排除	★★★

续表

考核类别	考核范围	考 核 点	重要程度
汽车底盘故障诊断与排除	汽车底盘故障诊断与排除	液压制动系疑难故障判断与排除	★★★
		气压制动系疑难故障判断与排除	★★★

考点导航

一、离合器的检修

1. 膜片弹簧离合器

(1) 膜片弹簧离合器的构造。

(2) 膜片弹簧离合器的工作原理。

2. 检查离合器

(1) 离合器的分解。

(2) 离合器从动盘的检查。

(3) 离合器压盘的检查。

(4) 离合器分离轴承和分离拨叉的检查。

3. 离合器的装配与调整

(1) 离合器的装配。

(2) 离合器分离杠杆高度的调整。

(3) 离合器踏板自由行程的调整。

二、手动变速器的检修

1. 手动变速器

(1) 手动变速器的组成。

(2) 手动变速器的工作原理。

2. 变速器轴的检修

用百分表测量各轴中部的径向跳动量。输入轴、输出轴、中间轴和倒挡轴的径向跳动量要求不大于 0.025 mm，使用极限为 0.06 mm。

3. 变速器齿轮的检修

(1) 齿轮工作表面检查。

(2) 齿轮轮齿厚度的检查。

(3) 齿轮齿侧间隙检查。

(4) 花键齿齿侧间隙的检查。

4. 同步器的结构与原理

(1) 锁环式惯性同步器构造与工作原理。

(2) 锁销式惯性同步器构造与工作原理。

三、自动变速器的检修

(1) 自动变速器的基本组成。

(2) 自动变速器的分类。

（3）自动变速器液压传动装置工作过程。

（4）自动变速器失速实验注意事项。

① 失速试验时，时间不得超过 5 s。

② 进行完一个挡位的试验后，不得立即进行下一挡位的试验，应待油温下降后才能进行。

③ 试验结束后不要立即熄火，应将选挡杆投入空挡或停车挡，让发动机怠速运转 1 min 左右，以使自动变速器油温度正常。

④ 如果在试验中发现驱动轮因制动力不足而转动，应立即松开加速踏板，停止试验。

⑤ 试验要由两人配合进行，一人进行试验，另一个在车外观察车轮或车轮垫片的情况。

（5）自动变速器油的种类及其选用原则。

四、驱动桥的检修

1. 主减速器

（1）单级主减速器的构造。

（2）单级主减速器的工作原理。

（3）双级主减速器的构造。

（4）双级主减速器的工作原理。

2. 差速器

（1）差速器的构造。

（2）差速器的工作原理。

3. 主减速器分解、组装与调整

（1）组装主、从动锥齿轮，测量和调整轴承预紧度的操作要点。

① 用压力机把前外轴承的外圈压入轴承座。

② 用压力机把前内轴承的内圈压到主动圆锥齿轮轴颈上，使其紧靠边齿轮大端端部，并把后轴承的内圈压上，压靠台肩。

③ 在前内轴承装隔套、原有调整垫片、轴承座、前外轴承，放入止推垫圈和主动圆锥齿轮连接突缘，先不装油封座及油封。在装好连接突缘以后，再装上垫圈和槽形螺母，用规定力矩将螺母拧紧。此时用弹簧秤钩在突缘螺孔处沿切线方向拉动，若能以 16.7～33.3 N 的力使其转动，则轴承的预紧度是合适的。若不符合上述要求，可增减调整垫片，直到合适为止。

④ 主动圆锥齿轮轴承预紧度的经验检查。其方法是用手转动突缘应转动灵活无阻滞，沿轴向推拉突缘，应无间隙感。

⑤ 轴承预紧度调好后，拆下连接突缘。把内外油封及导向环装入油封座内，再将油封座及衬垫、连接突缘、垫圈和槽形螺母依次装到主动圆锥齿轮上，然后按规定力矩拧紧槽形螺母，插入开口销并将其锁好。

（2）差速器总成的装配与调整。

① 用压力机将轴承内圈压入左右差速器壳的轴颈上。

② 把左差速器壳放在工作台上，在与行星齿轮、半轴齿轮相配合的工作表面涂上机油，将半轴齿轮支承垫圈连同半轴齿轮一起装入，将已装好的行星齿轮及其支承垫圈的十字轴总成装入左差速器壳的十字柄中，并使行星齿轮与半轴齿轮啮合。

③ 在行星齿轮上装上右边的半轴齿轮、支承垫圈，将从动圆柱齿轮、差速器右壳合到左壳上，注意对准壳体上的标记。从右向左装入螺栓，以规定力矩拧紧螺母。

④ 检查半轴齿轮与支承垫片之间的间隙，此间隙应不大于 0.5 mm，如不符合要求，更换新的支撑垫片。

⑤ 将调整好的差速器总成装入主减速器壳中，装上两端的轴承外圈、轴承盖及调整螺母，通过调整螺母调整差速器轴承的预紧度。使轴承滚子处于正确位置，且轴承上应涂抹适量润滑油。正确的预紧度应当是用 0.98～3. 4 N·m 的力矩能灵活转动差速器总成。

4. 主减速器啮合印痕的调整

(1) 标准印痕和啮合印痕间隙。

主、从动锥齿轮应沿齿长方向接触，其位置应控制在轮齿的中部偏向小端，离小端端部 2～7 mm，接触痕的长度不小于齿长的 50%，齿高方向的接触痕应不小于齿高的 50%，一般应距齿顶 0.80～1.60 mm，啮合间隙为 0.15～0.50 mm。每一对锥齿轮副啮合间隙的变动量不得大于 0.15 mm。

(2) 啮合印痕的检查方法。

在从动齿上相隔 120° 的三处，用红丹油在轮齿的正反面各涂三个齿，再用手对从动齿轮稍施加阻力并正反向各转动主动齿轮数圈。观察从动齿轮的啮合印痕应符合要求。

(3) 主减速器的调整方法。

① 先调整轴承预紧度、再调整啮合印痕，最后调整啮合间隙。

② 对啮合印痕和啮合间隙调整的过程中不得变更轴承预紧度。

③ 保证啮合印痕的前提下调整啮合间隙，不符合要求应成对更换。

五、万向传动装置的检修

(1) 万向节的组成。

(2) 万向节的分类。

(3) 普通十字万向节的工作原理。

(4) GB8824 汽车传动轴修理技术条件。

(5) 装配传动轴总成。

六、机械转向器的检修

1. 汽车转向器的分类、结构与工作原理

(1) 齿轮齿条式转向器的结构和工作原理。

(2) 循环球式转向器构造和工作原理。

(3) 蜗杆曲柄指销式转向器构造和工作原理。

2. 转向系的检查与维修

(1) 转向器主要零件的检修。

① 检查转向柱与转向管柱的变形与损坏情况。

② 转向传动轴万向节的检查。

③ 转向柱支撑环的检查。

④ 安全柱销及橡胶支撑套的检查。

(2) 机械转向器的拆卸与分解。

① 拆下转向器。

② 分解转向器。

(3) 转向器轴承预紧度与啮合间隙的调整。

① 调整蜗杆轴承预紧度。

② 调整转向器啮合间隙。

七、汽车行驶系统的检修

1. 载货汽车行驶系

(1) 载货汽车行驶系的组成。

(2) 载货汽车行驶系的工作原理。

2. 轿车行驶系

(1) 轿车行驶系的组成。

(2) 轿车行驶系的工作原理。

3. 前、后悬架系统

(1) 前、后悬架系统部分零件的检查。

(2) 前、后悬架系统螺旋弹簧和弹簧垫的检查与更换。

(3) 前、后悬架系统钢板弹簧、弹簧垫、U形螺栓、支架、衬套及固定件的检查与更换。

(4) 前悬架滑柱支座及固定件的检查和更换。

(5) 检查与更换减震器、固定件和衬套。

4. 转向轮定位角的作用和原理

(1) 车轮定位的含义与诊断参数。

为了保证汽车直线行驶的稳定性和操纵的轻便性,减少轮胎和其他机件的磨损,转向轮、转向节和前轴三者与车架的安装应保持一定的相对位置关系,这种安装位置关系称为转向车轮定位,也称前轮定位。

① 主销后倾。主销安装在前轴上,其上端略向后倾斜,这种现象称为主销后倾。在垂直于汽车支撑平面的纵向平面内,主销轴线与汽车支撑平面垂线之间的夹角称为主销后倾角。

② 主销内倾。主销安装在前轴上,其上端略向内侧倾斜,这种现象称为主销内倾。在垂直于汽车支撑平面的横向平面内,主销轴线与汽车支撑平面垂线之间的夹角称为主销内倾角。

③ 车轮外倾。转向轮安装在转向节上时,其旋转平面上端向外倾斜,这种现象称为转向车轮外倾。车轮旋转平面与垂直于车辆支撑面的纵向平面之间的夹角称为车轮外倾角。

④ 前轮前束。车轮安装在车桥上,两前车轮的中心平面不平行,其前端略向内侧收束,这种现象称为前轮前束。两前轮后端距离 A 大于前端距离 B,其差值称为前轮前束值。

(2) 车轮定位的调整方法。

① 主销后倾角的调整。主销后倾角的调整需通过改变悬架系统来实现。因为对于非独立悬架结构而言,车轴左右两端的转向节主销孔并不存在后倾角度,而主销后倾角是在悬架安装后由结构尺寸所保证的。因此,当主销后倾角不符合决定时,可在钢板弹簧下部与主轴的接触面之间垫以不同厚度的楔形铁片来调整。当楔形铁片由后向前插入时,车轴整体将向后转动一定角度,使车轴左右两端的转向节主销后倾角加大;当模型铁片由前向后插入时,与上述情况相反,主销后倾角将减小。

② 主销内倾角的调整。对于不同的悬架,主销内倾角的调整方式不同。非独立悬架的车轴左右两端的转向节主销孔有固定的内倾角度值,因此,内倾角不符合规定时,需对前轴进行校正。对于独立悬架的汽车,主销内倾角与车轮外倾角可通过调整摆臂长度来实现。调整主

销后倾角，可通过转动上摆臂轴来实现；而车轮外倾角则由加在上摆臂轴与固定支架之间的垫片来调整。独立悬架的主销内倾角和车轮外倾角是由转向节的结构确定的，因此，调整过车轮外倾角后，主销内倾角也就随之确定下来，无须另作调整。

③ 车轮外倾角的调整。当车轮外倾角不符合规定时，需检查轮毂轴承是否松旷、转向节铜套是否磨损和转向节轴是否变形等，根据故障情况予以修复或更换。

④ 车轮前束的调整。车轮前束值的大小，可通过改变转向梯形机构的横拉杆长度来实现。调整时，需先松开横拉杆长度锁紧螺母，然后用管钳转动调整螺母套管，该套管左右两端螺旋线方向相反，转动时使横拉杆向两端伸长或缩短，以此来调节横拉杆的长度。

八、汽车制动系统的检修

1. 鼓式制动器

(1) 鼓式制动器的分类：① 非平衡式制动器；② 平衡式制动器；③ 自动增力式车轮制动器。

(2) 鼓式制动器的结构。

(3) 鼓式制动器的工作原理。

2. 盘式制动器

(1) 盘式制动器的分类。

(2) 盘式制动器的结构。

3. 液压制动传动装置

(1) 真空增压液压制动传动装置的组成。

(2) 液压双管路制动总泵结构工作原理。

(3) 空气液压制动传动装置的分类。

(4) 空气助力液压制动传动装置的组成。

(5) 真空助力式液压制动传动装置组成

4. 气压制动传动装置

(1) 气压制动控制阀的结构和工作原理。

(2) 压力调节组合阀的结构和工作原理。

5. 行车制动系维修

(1) 制动器间隙的调整。

(2) 车轮制动器的装配与调整。

(3) 车轮制动器主要零件的检修。

(4) 汽车鼓式制动器检修。

(5) 汽车盘式制动器检修。

6. 驻车制动器

(1) 驻车制动器的结构与原理。

(2) 驻车制动器的检修。

九、汽车底盘故障诊断与排除

1. 汽车传动系常见故障诊断与排除

(1) 汽车离合器异响的诊断及排除方法。

(2) 汽车手动变速器异响的现象、原因。
(3) 汽车变速器异响诊断与排除。
(4) 汽车万向传动装置异响的现象、原因。
(5) 汽车万向传动装置异响的诊断方法。
(6) 汽车后桥异响的现象、原因。
(7) 汽车后桥异响的诊断方法。

2. 汽车转向系常见故障诊断与排除
(1) 转向沉重的主要原因。
(2) 行驶跑偏的主要原因。
(3) 行驶时方向打摆的主要原因。
(4) 动力转向沉重的主要原因。
(5) 方向发飘或跑偏的主要原因。
(6) 左右转向力不一致的主要原因。

3. 汽车行驶系常见故障诊断与排除
(1) 悬架系统损坏引起的常见故障。
(2) 车身倾斜的主要原因。
(3) 行驶中有撞击声或异响的主要原因。
(4) 汽车行驶跑偏的主要原因。
(5) 轮胎异常磨损的主要原因。

4. 制动系常见故障诊断与排除
(1) 无气压或气压低引起气压制动系制动失效的主要原因。
(2) 气压正常而气压制动系制动失效的主要原因。
(3) 气压制动系统制动不良的主要原因。
(4) 气压制动系跑偏的主要原因。
(5) 制动跑偏、甩尾的主要原因。
(6) 制动拖滞的主要原因。
(7) 液压制动系制动不良、失效的主要原因。
(8) 液压制动系统卡死的主要原因。

5. 汽车底盘疑难故障判断与排除
(1) 传动系疑难故障判断与排除。
(2) 液压制动系疑难故障判断与排除。
(3) 气压制动系疑难故障判断与排除

仿真训练

一、单项选择题(请将正确选项的代号填入题内的括号中)

1. 膜片弹簧离合器通过(　　)将离合器盖与压盘连接起来。
A. 传动销　　B. 传动片　　C. 传动螺栓　　D. 传动块
2. 膜片弹簧离合器的膜片弹簧可兼起(　　)的作用。
A. 压紧机构　　B. 分离机构　　C. 分离杠杆　　D. 分离套

3. 膜片弹簧离合器的压盘(　　)，热容量大，不易产生过热。
A. 较大　B. 较小　C. 较薄　D. 较厚
4. 以下不属于离合器摩擦片异响原因的是(　　)。
A. 摩擦片硬化　B. 从动盘毂歪斜　C. 摩擦片铆钉露出　D. 从动盘表面平整
5. 从动盘摩擦片上的铆钉头至其外平面距离不得小于(　　)。
A. 0.1 mm　B. 0.2 mm　C. 0.3 mm　D. 0.4 mm
6. 膜片弹簧式离合器的分离杠杆的平面度误差不得大于(　　)。
A. 0.1 mm　B. 0.3 mm　C. 0.5 mm　D. 0.7 mm
7. 离合器踏板的自由行程，是(　　)之间等处间隙的体现。
A. 分离轴承与分离杠杆　B. 踏板与地板高度
C. 压盘与从动盘　D. 变速器与离合器
8. 如离合器间隙太大，离合器将出现(　　)的故障。
A. 打滑　B. 分离不开　C. 发抖　D. 异响
9. 离合器踏板的(　　)，是分离轴承与分离杠杆之间等处间隙的体现。
A. 全部行程　B. 自由行程　C. 最大行程　D. 最小行程
10. 制动蹄与制动鼓之间的间隙过大，将导致(　　)。
A. 车辆行驶跑偏　B. 制动不良　C. 制动时间变短　D. 制动距离变短
11. 制动蹄与制动鼓之间的间隙过小，应调整(　　)。
A. 制动踏板高度　B. 制动气室压力
C. 储气筒压力　D. 制动底板上的偏心支承
12. 制动蹄与制动鼓之间的间隙过小，将导致(　　)。
A. 车辆行驶跑偏　B. 无制动　C. 制动时间变长　D. 制动距离变长
13. 当发动机与离合器处于完全接合状态时，变速器的输入轴(　　)。
A. 不转动　B. 高于发动机转速
C. 低于发动机转速　D. 与发动机转速相同
14. 离合器踏板自由行程过大，会造成离合器(　　)。
A. 打滑　B. 分离不彻底　C. 起步发抖　D. 半接合状态
15. 桑塔纳 2000 型轿车离合器踏板自由行程为(　　)。
A. 5～15 mm　B. 15～20 mm　C. 30～40 mm　D. 40～45 mm
16. 变速器在换挡过程中，必须使即将啮合的一对齿轮的(　　)达到相同，才能顺利地挂上挡。
A. 角速度　B. 线速度　C. 转速　D. 圆周速度
17. 变速器通过不同的传动比啮合副改变(换挡)达到变换转速得到不同的(　　)，保证汽车克服不同的道路阻力。
A. 扭矩　B. 力矩　C. 转速　D. 传动比
18. 变速器(　　)装置可防止同时挂上两个挡。
A. 互锁　B. 自锁　C. 倒挡锁　D. 锁止销
19. 用百分表测量变速器输出轴的径向跳动量，要求不大于(　　)，使用极限为 0.06 mm。
A. 0.020 mm　B. 0.025 mm　C. 0.030 mm　D. 0.035 mm
20. 用百分表测量变速器输入轴的径向跳动量，要求不大于(　　)，使用极限为 0.06 mm。

A. 0.020 mm　B. 0.025 mm　C. 0.030 mm　D. 0.035 mm

21. 用百分表测量变速器输入轴的径向跳动量要求不大于 0.025 mm,使用极限为(　　)。

A. 0.03 mm　B. 0.04 mm　C. 0.05 mm　D. 0.06 mm

22. 齿长磨损不得超过原齿长的(　　)。

A. 20%　B. 25%　C. 30%　D. 35%

23. 变速器常啮合齿轮齿厚磨损不得超过(　　)。

A. 0.20 mm　B. 0.25 mm　C. 0.30 mm　D. 0.35 mm

24. 齿轮的工作面腐蚀斑点及剥落面积超过齿面的(　　),或齿轮出现裂纹,应予更换。

A. 1/8　B. 1/4　C. 3/8　D. 1/2

25. 变速器内同步器的作用是将两个不同步的(　　)连接起来使之同步。

A. 齿轮　B. 输入轴　C. 输出轴　D. 输入轴和输出轴

26. 下列选项中(　　)的作用是将两个不同步的齿轮连接起来使之同步。

A. 同步器　B. 差速器　C. 离合器　D. 制动器

27. 同步器依靠(　　)来实现动力的传递。

A. 摩擦　B. 啮合　C. 链条　D. 齿带

28. 根据《汽车变速器修理技术条件》(GB 5372—85)技术要求,变速叉端面对变速叉轴孔轴线的垂直度公差为(　　)。

A. 0.20 mm　B. 0.15 mm　C. 0.10 mm　D. 0.08 mm

29. 根据《汽车变速器修理技术条件》(GB 5372—85)技术要求,变速器壳上各承孔轴线的平行度公差允许比原设计规定值增加(　　)。

A. 0.01 mm　B. 0.02 mm　C. 0.03 mm　D. 0.04 mm

30. 根据《汽车变速器修理技术条件》(GB 5372—85)技术要求,变速器壳体上平面长度大于 250 mm,平面度公差为(　　)。

A. 0.10 mm　B. 0.15 mm　C. 0.20 mm　D. 0.25 mm

31. 自动变速器内的制动器的作用是(　　)。

A. 连接　B. 固定　C. 锁止　D. 制动

32. 自动变速器内的离合器的作用是(　　)。

A. 连接　B. 固定　C. 锁止　D. 制动

33. 自动变速器内的单向离合器的作用是(　　)。

A. 连接　B. 固定　C. 锁止　D. 制动

34. 下列选项中(　　)为自动变速器液压系统提供具有一定压力的自动变速器油。

A. 油泵　B. 变矩器　C. 油底壳　D. 行星齿轮机构

35. 下列选项中(　　)用于控制油路,使自动变速器油只能朝一个方向流动。

A. 主调节阀　B. 手动阀　C. 换挡阀　D. 单向阀

36. 下列选项中(　　)的作用是检测自动变速器油温度。

A. 自动变速器油温传感器　B. 空挡开关

C. 车速传感器　D. 输入轴转速传感器

37. 进行自动变速器(　　)时,时间不得超过 5 s。

A. 油压试验　B. 失速试验　C. 时滞试验　D. 手动试验

38. 进行自动变速器失速试验时,时间不得超过(　　)。

A. 5 s　　B. 10 s　　C. 15 s　　D. 20 s

39. 自动变速器试验后，应让发动机(　　)运转 60 s 左右，以使自动变速器油温正常。

A. 怠速　　B. 低速　　C. 中速　　D. 高速

40. 下列不属于单级主减速器零件的是(　　)。

A. 调整垫片　　B. 主动圆锥齿轮　　C. 调整螺母　　D. 半轴齿轮

41. 单级主减速器由(　　)齿轮组成。

A. 一对圆锥　　B. 两对圆锥　　C. 一对圆柱　　D. 一组行星

42. 主减速器的主要功用是(　　)，并改变力的传动方向。

A. 增速增扭　　B. 增速降扭　　C. 降速降扭　　D. 降速增扭

43. 差速器壳上安装着行星齿轮、半轴齿轮、从动圆锥齿轮和行星齿轮轴，其中不属差速器的是(　　)。

A. 行星齿轮　　B. 半轴齿轮　　C. 从动圆锥齿轮　　D. 行星齿轮轴

44. 差速器内行星齿轮当左右两侧车轮阻力不同时(　　)。

A. 开始公转　　B. 开始自转　　C. 开始反转　　D. 开始滑动

45. 当汽车左转向时，由于差速器的作用，左右两侧驱动轮转速不同，那么转矩的分配是(　　)。

A. 左轮大于右轮　　B. 右轮大于左轮　　C. 左、右轮相等　　D. 右轮为零

46. 桑塔纳 2000 型轿车主减速器的主、从动齿轮的啮合间隙为(　　)。

A. 0.15 mm　　B. 0.20 mm　　C. 0.25 mm　　D. 0.30 mm

47. 汽车转弯时，差速器中的行星齿轮(　　)。

A. 只公转　　B. 只自转　　C. 既公转又自转　　D. 既不公转又不自转

48. 神龙富康轿车的主减速器属于(　　)结构。

A. 单级圆柱齿轮式　　B. 单级圆锥齿轮式　　C. 轮边行星齿轮式　　D. 单排行星齿轮式

49. 正确的主减速器主、从动锥齿轮啮合印痕应位于齿长方向偏向(　　)端，齿高方向偏向顶端。

A. 小　　B. 大　　C. 中　　D. 小、大、中都不正确

50. 正确的主减速器主、从动锥齿轮啮合印痕应位于(　　)。

A. 齿长方向偏向大端，齿高方向偏向顶端　　B. 齿长方向偏向小端，齿高方向偏向顶端

C. 齿长方向偏向大端，齿高方向偏向底端　　D. 齿长方向偏向小端，齿高方向偏向底端

51. 主减速器主、从动锥齿轮啮合印痕可通过(　　)来调整。

A. 增减主动锥齿轮前端调整垫片　　B. 增减主动锥齿轮后端调整垫片

C. 增减从动锥齿轮后端调整垫片　　D. 增减从动锥齿轮后端调整垫片

52. 根据《汽车驱动桥修理技术条件》(GB 8825—88)技术要求，圆锥主动齿轮与突缘键槽的侧隙不大于(　　)。

A. 0.10 mm　　B. 0.20 mm　　C. 0.25 mm　　D. 0.30 mm

53. 根据《汽车驱动桥修理技术条件》(GB 8825—88)技术要求，圆锥主、从动齿轮啮合间隙为(　　)。

A. 0.15～0.25 mm　　B. 0.15～0.35 mm　　C. 0.15～0.45 mm　　D. 0.15～0.50 mm

54. 根据《汽车驱动桥修理技术条件》(GB 8825—88)技术要求，驱动桥钢板弹簧座厚度减少不大于(　　)。

A. 1.0 mm　　B. 1.5 mm　　C. 2.0 mm　　D. 2.5 mm

55. 前驱动轿车的半轴上均安装(　　)。

A. 普通万向节　　B. 十字轴万向节　　C. 准等速万向节　　D. 等速万向节

56. 汽车万向传动装置中，单个普通刚性万向节在有夹角的情况下，不能传递(　　)运动。

A. 等圆周　　B. 等转速　　C. 等角速　　D. 等速

57. 汽车万向传动装置的十字轴万向节主要由十字轴、万向节叉和(　　)组成。

A. 套筒　　B. 滚针　　C. 套筒和滚针　　D. 双联叉

58. 根据《汽车驱动桥修理技术条件》(GB 8825—88)技术要求，圆锥(　　)与突缘键槽的侧隙不大于 0.20 mm。

A. 从动齿轮　　B. 主动齿轮　　C. 锥齿轮　　D. 双曲线齿轮

59. 根据《汽车驱动桥修理技术条件》(GB 8825—88)技术要求，圆锥主、从动齿轮(　　)为 0.15～0.50 mm。

A. 长度　　B. 宽度　　C. 厚度　　D. 啮合间隙

60. 根据《汽车驱动桥修理技术条件》(GB 8825—88)技术要求，驱动桥钢板弹簧座(　　)减少不大于 2.0 mm。

A. 长度　　B. 宽度　　C. 厚度　　D. 粗糙度

61. 对传动轴总成进行动平衡，要求传动轴两端的最大不平衡值不大于(　　)。

A. 4 g·cm　　B. 6 g·cm　　C. 8 g·cm　　D. 10 g·cm

62. 传动轴轴管的最大径向跳动量，其值应不大于(　　)。

A. 0.2 mm　　B. 0.4 mm　　C. 0.6 mm　　D. 0.8 mm

63. 装传动轴时，十字轴轴颈如有压痕，压痕不严重且不在传力面时，可将十字轴由原装配位置旋转(　　)装复。

A. 30°　　B. 60°　　C. 80°　　D. 90°

64. 下列选项中(　　)有利于转向结束后转向轮和方向盘自动回正，但也容易将坏路面对车轮的冲击力传到方向盘，出现“打手”现象。

A. 可逆式转向器　　B. 不可逆式　　C. 极限可逆式　　D. 齿轮条式

65. 当作用力很容易地由方向盘经转向器传到转向摇臂，而转向摇臂所受路面冲击也比较容易地经转向盘传到方向盘，这种转向器被称为(　　)转向器。

A. 可逆式　　B. 不可逆式　　C. 极限可逆式　　D. 齿轮条式

66. 下列选项中(　　)转向器采用齿轮齿条传动原理传递动力。

A. 曲柄指销式　　B. 循环球式　　C. 蜗轮蜗杆式　　D. 齿轮齿条式

67. 根据《汽车前桥及转向系修理技术条件》(GB 8823—88)的技术要求，前轴主销孔端面修理后，厚度减少量不得大于(　　)。

A. 1.0 mm　　B. 1.5 mm　　C. 2.0 mm　　D. 2.5 mm

68. 根据《汽车前桥及转向系修理技术条件》(GB 8823—88)的技术要求，前轴钢板弹簧座上 U 形螺栓承孔及定位孔的磨损量不得大于(　　)。

A. 0.5 mm　　B. 1.0 mm　　C. 1.5 mm　　D. 2.0 mm

69. 前轴与转向节装配应适度，转动转向节的力一般不大于(　　)。

A. 20 N　　B. 15 N　　C. 10 N　　D. 5 N

70. 桑塔纳 2000、一汽奥迪、神龙富康轿车的转向系均采用(　　)。

A. 液压助力　　B. 循环球式　　C. 齿轮齿条式　　D. 指销式

71. 汽车转向时，其内轮转向角(　　)外轮转向角。

A. 大于　　B. 小于　　C. 等于　　D. 大于或等于

72. 东风 EQ1092 型汽车转向盘由中间位置向左向右转动的自由量不得超过(　　)。

A. 15°　　B. 25°　　C. 30°　　D. 20°

73. 东风 EQ1092 型汽车的转向桥主要由前轴、转向节、主销和(　　)四部分组成。

A. 轮毂　　B. 车轮　　C. 转向轴　　D. 横拉杆

74. 汽车的装配基体是(　　)。

A. 车架　　B. 车身　　C. 车轮　　D. 车梁

75. 东风 EQ1092 型汽车的车架类型属于(　　)。

A. 边梁式　　B. 中梁式　　C. 综合式　　D. 无梁式

76. 轮胎的尺寸 34 × 7 中“×”表示(　　)。

A. 低压胎　　B. 高压胎　　C. 超低压胎　　D. 超高压胎

77. 桑塔纳 2000 型轿车前悬架采用(　　)。

A. 双叉式　　B. 撑杆式　　C. 拖动臂式　　D. 非独立式

78. 轿车的轮辋一般是(　　)。

A. 深式　　B. 平式　　C. 可拆式　　D. 圆形式

79. 对于非独立悬架，(　　)是影响乘员舒适性的主要因素。

A. 钢板弹簧　　B. 轴　　C. 车轮　　D. 轮胎

80. 甲说：对减振器性能的检查应该在普通工具上进行；乙说：一般情况下可通过外观检查有无漏油的地方。你认为二者的观点(　　)。

A. 甲正确　　B. 乙正确　　C. 二者都正确　　D. 二者都不正确

81. 对于独立悬架，弹簧的(　　)对乘员的舒适性起主要影响。

A. 强度　　B. 刚度　　C. 自由长度　　D. 压缩长度

82. 为避免汽车转向沉重，主销后倾角一般不超过(　　)。

A. 2°　　B. 4°　　C. 5°　　D. 3°

83. 下列选项中(　　)的作用是使汽车直线行驶时保持方向稳定，汽车转弯时前轮自动回正。

A. 主销后倾　　B. 主销内倾　　C. 前轮外倾　　D. 前轮前束

84. 解放 CA1092 型汽车主销内倾角为(　　)。

A. 6°　　B. 10°　　C. 8°　　D. 4°

85. 东风 EQ1092 型汽车采用的制动控制阀是(　　)。

A. 单腔式　　B. 串联双腔活塞式　　C. 并联双腔活塞式　　D. 往复式

86. 鼓式制动器可分为非平衡式、平衡式和(　　)。

A. 自动增力式　　B. 单向助势　　C. 双向助势　　D. 双向自动增力式

87. 解放 CA1092 型汽车采用的空气压缩机是(　　)。

A. 单缸风冷式　　B. 双缸风冷式　　C. 单缸水冷式　　D. 双缸水冷式

88. 桑塔纳 2000 型轿车采用的是(　　)伺服制动装置。

A. 真空增压式　　B. 气压助力式　　C. 真空助力式　　D. 涡流增压式

89. 桑塔纳 2000 型轿车的双回路液压制动装置采用的是(　　)配合。

A. 前独立式　　B. 后独立式　　C. 交叉式　　D. 非交叉式

90. 盘式制动器,制动盘固定在(　　)。

A. 轮毂上　　B. 转向节上　　C. 制动鼓上　　D. 活塞上

91. 真空增压制动传动装置比液压制动机构多装了一套真空增压系统,下列(　　)是真空增压系统组成部分。

A. 加力气室　　B. 进气总管　　C. 进气歧管　　D. 主缸

92. 对于真空增压制动传动装置,解除制动时,控制油压下降,加力气室互相沟通,又具有一定的(　　),膜片、推杆、辅助缸活塞都在回位弹簧作用下各自回位。

A. 大气压力　　B. 压力　　C. 真空度　　D. 推力

93. 对于真空增压制动传动装置,解除制动时,控制油压下降,(　　)互相沟通,又具有一定的真空度,膜片、推杆、辅助缸活塞都在回位弹簧作用下各自回位。

A. 辅助缸　　B. 控制阀　　C. 加力气室　　D. 主缸

94. 解放 CA1092 型汽车制动系统内的气压规定值为(　　)。

A. 800 ~ 830 kPa　　B. 700 ~ 740 kPa　　C. 700 ~ 800 kPa　　D. 800 ~ 850 kPa

95. 下列选项中(　　)的作用是使储气筒的气压保持在规定范围内,以减小发动机的功率消耗。

A. 泄压阀　　B. 单向阀　　C. 限压阀　　D. 调压器

96. 东风 EQ1092 型汽车双回路气压制动传动装置由(　　)和控制装置两部分组成。

A. 气泵　　B. 制动踏板　　C. 制动杆　　D. 制动气室

97. 双腔制动主缸中,前活塞回位弹簧比后活塞回位弹簧的弹力(　　)。

A. 大　　B. 小　　C. 相等　　D. 不确定

98. 踩下汽车制动踏板时,双腔制动主缸中(　　)。

A. 后腔液压先升高　　B. 前腔液压先升高

C. 前后腔同时升高　　D. 以上三者都有可能

99. 双回路液压制动系统中任一回路失效,此时(　　)。

A. 主腔不能工作　　B. 踏板行程减小　　C. 踏板行程不变　　D. 制动效能降低

100. 东风 EQ1092 型汽车的制动气压为(　　)。

A. 700 ~ 740 kPa　　B. 700 kPa　　C. 750 kPa　　D. 800 kPa

101. 当主、挂车因故脱挂时,挂车(　　)。

A. 不制动　　B. 自行制动　　C. 停车　　D. 制动力减小

102. 汽车拖带挂车时,解除挂车制动时,要(　　)主车制动。

A. 同时或早于　　B. 同时　　C. 晚于　　D. 晚于或同时

103. 以下(　　)总成,在 FIAT650 型汽车制动传动装置中装备有此装置。

A. 真空助力器　　B. 真空增压器　　C. 空气增压器　　D. 空气助力器

104. 在(　　)中,空气助力气室制动时产生的推力,也同踏板力一样直接作用在制动主缸活塞推杆上。

A. 真空助力器　　B. 真空增压器　　C. 空气增压器　　D. 空气助力器

105. 下列选项中(　　)的助力源是压缩空气与大气的压力差。

A. 真空助力器　　B. 真空增压器　　C. 空气增压器　　D. 空气助力器

106. 下列选项中(　　)不是真空助力式液压制动传动装置组成部分。

A. 加力气室　　B. 轮缸　　C. 控制阀　　D. 主缸

107. 下列(　　)不装备真空助力式液压制动传动装置。

A. 桑塔纳 2000 轿车　　B. 奥迪 100 型轿车

C. 捷达轿车　　D. 跃进 1061 汽车

108. 真空助力式液压制动传动装置中，加力气室和控制阀组成一个整体，叫做(　　)。

A. 真空助力器　B. 真空增压器　C. 空气增压器　D. 空气助力器

109. 关于重型车采用的制动增压装置，甲说：重型汽车易采用空气增压装置。乙说：重型汽车易采用助力式液压装置。你认为以上观点(　　)。

A. 甲正确　B. 乙正确　C. 甲乙都正确　D. 甲乙都不正确

110. 空气液压制动传动装置分为(　　)两种。

A. 助压式和增力式　B. 增压式和助力式　C. 增压式和增力式　D. 助压式和助力式

111. 重型汽车的制动传动装置多采用(　　)。

A. 真空助力式液压装置　　B. 空气增压装置

C. 真空增压式液压装置　　D. 助力式液压装置

112. 制动距离过长，应调整(　　)。

A. 制动踏板高度　　B. 制动气室压力

C. 储气筒压力　　D. 制动底板上的偏心支承

113. 制动鼓失圆，不会导致(　　)。

A. 车辆行驶跑偏　B. 无制动　C. 制动时间变长　D. 制动距离变长

114. 制动蹄与制动鼓之间的间隙过大，将会导致(　　)。

A. 车辆行驶跑偏　B. 制动不良　C. 制动时间变长　D. 制动距离变长

115. 桑塔纳 2000 型轿车后轮制动器制动蹄新摩擦片的厚度为 5 mm，磨损极限为(　　)。

A. 0.30 mm　B. 0.25 mm　C. 0.35 mm　D. 0.2 mm

116. 用游标卡尺分别测量制动蹄支承销与衬套，其配合间隙不应超过(　　)。

A. 0.30 mm　B. 0.25 mm　C. 0.35 mm　D. 0.40 mm

117. 安装好制动凸轮轴后，应使两轴轴向间隙不大于(　　)。

A. 0.60 mm　B. 0.70 mm　C. 0.650 mm　D. 0.50 mm

118. 检查制动器弹簧时，用(　　)测量，其弹力不得小于规定值。

A. 弹簧秤　B. 地磅　C. 角尺　D. 张紧计

119. 用深度游标卡尺测量，衬片铆钉头距摩擦衬片表面应不小于(　　)，衬片厚度应不小于 9 mm。

A. 0.20 mm　B. 0.30 mm　C. 0.40 mm　D. 0.80 mm

120. 检查制动鼓时，用(　　)测量，制动鼓内圆面的圆度误差不得超过规定值。

A. 直尺　B. 角尺　C. 弓形内径规　D. 深度尺

121. 制动钳体缸筒与活塞的(　　)配合间隙应小于 0.15 mm。

A. 极限　B. 理想　C. 最小　D. 理论

122. 制动钳体缸筒圆柱度误差应不大于(　　)。

A. 0.01 mm　B. 0.02 mm　C. 0.03 mm　D. 0.04 mm

123. 制动钳体缸筒与活塞的极限配合间隙应小于(　　)。

A. 0.05 mm　B. 0.10 mm　C. 0.15 mm　D. 0.30 mm

124. 桑塔纳轿车驻车制动器是(　　)。

A. 气压式　　B. 综合式　　C. 液力式　　D. 人力式

125. 小型汽车的驻车制动器大多与(　　)行车制动器共用一个制动器。

A. 前轮　　B. 后轮　　C. 前轮或后轮　　D. 前轮和后轮

126. 捷达轿车驻车制动器是(　　)。

A. 气压式　　B. 综合式　　C. 液力式　　D. 人力式

127. 汽车制动蹄支承销孔与支承销配合间隙不超过(　　)。

A. 0.50 mm　　B. 0.05 mm　　C. 0.15 mm　　D. 0.10 mm

128. 解放 CA1091 型汽车采用的是(　　)驻车制动器。

A. 盘式　　B. 鼓式　　C. 带式　　D. 后轮

129. 在制动时,液压制动系统中制动主缸与制动轮缸的油压相比(　　)。

A. 主缸高于轮缸　　B. 主缸低于轮缸　　C. 轮缸主缸相同　　D. 不确定

130. 分离轴承缺少润滑油,造成(　　)异响。

A. 离合器　　B. 变速器　　C. 变速器壳　　D. 驱动桥

131. 汽车重载上坡时,车速不能随发动机转速提高而改变,同时可嗅到焦臭味,此故障可能是(　　)。

A. 制动拖滞　　B. 离合器打滑

C. 离合器分离不彻底　　D. 变速器脱挡

132. 东风 EQ1090 离合器异响的原因有很多,下列(　　)故障不会造成离合器异响。

A. 分离轴承损坏　　B. 从动盘松动　　C. 分离轴承缺油　　D. 传动片变形

133. 手动变速器换挡锁止装置磨损,不会导致(　　)。

A. 异响　　B. 挂不上挡　　C. 脱挡　　D. 变速器过热

134. 手动变速器中某常啮合齿轮副只更换了一个齿轮,可导致(　　)。

A. 异响　　B. 挂不上挡　　C. 脱挡　　D. 换挡困难

135. 手动变速器操纵杆下端磨损,不会导致(　　)。

A. 异响　　B. 挂不上挡　　C. 脱挡　　D. 变速器过热

136. 发动机不运转,空挡释放手制动,晃动第二轴凸缘,若其晃动量大,则说明(　　)。

A. 第二轴轴承松旷　　B. 齿轮松动　　C. 啮合间隙过大　　D. 壳体变形

137. 变速器高速行驶时有明显声响,突然加速时,响声很清晰多为(　　)。

A. 滑动齿轮花键配合松旷　　B. 轴弯曲

C. 个别齿轮折断　　D. 油少质低

138. 在任何挡位和车速条件下,均有嗞嗞声说明(　　)。

A. 变速器缺油　　B. 中间轴弯曲　　C. 第一轴变形　　D. 啮合齿轮间隙过大

139. 汽车起步,车身发抖并能听到嚓啦的撞击声是(　　)异响。

A. 万向传动装置　　B. 变速器　　C. 离合器　　D. 驱动桥

140. 解放 CA1092 万向传动装置异响,下列(　　)是异响现象。

A. 起步发抖　　B. 车速变化发抖

C. 高速挡小油门发抖　　D. 金属撞击声

141. 万向传动装置异响的现象之一是(　　)时,车身发抖并能听到嚓啦的撞击声。

A. 起步　　B. 匀速行驶　　C. 低速行驶　　D. 急加速

142. 汽车起步或行驶中,始终有明显的异响并伴有振抖,说明(　　)松旷。

A. 中间支架固定螺栓　　B. 万向节十字轴
C. 连接螺栓　　D. 万向节十字轴轴承

143. 汽车行驶中，突然改变速度时，出现一种金属撞击声，一般是(　　)。
A. 十字轴轴承松旷　　B. 连接螺栓松动
C. 传动轴等速排列破坏　　D. 中间支承轴承散架

144. 汽车行驶时，变换车速，如出现"咔啦、咔啦"的撞击声，多半是(　　)。
A. 轴承磨损松旷　　B. 传动轴排列破坏
C. 螺栓松动　　D. 万向节轴承壳压得过紧

145. 当汽车直线行驶时后桥无异响，转弯时后桥发出异响，可能是(　　)有故障。
A. 主动锥齿轮　　B. 从动锥齿轮　　C. 后桥内的轴承　　D. 差速器内

146. 汽车后桥某一部位的齿轮啮合间隙过小，会使汽车在(　　)时发响。
A. 下坡　　B. 上坡　　C. 上、下坡　　D. 起步

147. 汽车后桥某一部位的齿轮啮合印痕不当，会使汽车在(　　)时发响。
A. 下坡　　B. 上坡　　C. 上、下坡　　D. 起步

148. 汽车主减速器圆锥主动齿轮轴承(　　)会导致后桥异响，并伴随后桥壳温度升高。
A. 损坏　　B. 过紧　　C. 过松　　D. 磨损

149. 当汽车主减速器(　　)折断时，会导致汽车行车中突然出现强烈而有节奏的金属敲击声。
A. 圆锥齿轮轮齿　　B. 行星齿轮齿　　C. 半轴齿轮轮齿　　D. 半轴花键

150. 当汽车(　　)时有异响，应检查齿轮的配合间隙和啮合间隙是否合适。
A. 加速　　B. 减速　　C. 起步　　D. 上、下坡

151. 下列选项中(　　)不是转向沉重的原因。
A. 转向梯形横、直拉杆球头配合间隙过小　　B. 转向器转向轴弯曲或管柱凹瘪相互摩擦
C. 前轮前束过大或过小　　D. 转向器摇臂与衬套间隙过小

152. 下列选项中(　　)是转向沉重的原因。
A. 前桥变形
B. 前悬挂两侧弹簧挠度不一
C. 转向器转向轴弯曲与管柱凹瘪相互摩擦
D. 前轮前束过大或过小

153. 关于转向沉重的原因，甲认为：转向器转向轴弯曲或管柱凹瘪相互摩擦就是转向沉重原因；乙认为：转向器摇臂与衬套间隙过小是其中原因之一；丙认为：转向梯形横、直拉杆球头配合间隙过小是其中原因之一。看法正确的是(　　)。
A. 甲和乙　　B. 乙和丙　　C. 丙和甲　　D. 甲、乙、丙

154. 下列选项中(　　)不是行驶跑偏的原因。
A. 两前轮胎气压差过大或磨损程度不一致
B. 前桥变形
C. 前轮前束过大或过小
D. 车架变形或铆钉松动

155. 下列选项中(　　)是行驶跑偏的原因。
A. 两前轮胎气压差过大　　B. 车架变形或铆钉松动

C. 转向节主销与衬套间隙过大　　D. 减振器失效,前钢板弹力不一致

156. 关于行驶跑偏的原因,甲认为:两前轮胎气压差过小或磨损程度不一致是行驶跑偏的原因;乙认为:前桥变形是其中原因之一;丙认为:前轮前束过大或过小是其中原因之一。看法不正确的是(　　)。

A. 甲　　B. 乙　　C. 丙　　D. 乙和丙

157. 下列(　　)不是引起低速打摆现象的原因。

A. 前束过大、车轮外倾角、主销后倾角变小

B. 车架变形或铆钉松动

C. 转向器啮合间隙过大

D. 转向节主销与衬套间隙过大

158. 下列选项中(　　)不是引起高速打摆现象的主要原因。

A. 前轮胎修补、前轮辋变形、前轮毂螺栓短缺引起启动不平衡

B. 减振器失效,前钢板弹力不一致

C. 车架变形或铆钉松动

D. 前束过大、车轮外倾角、主销后倾角变小

159. 关于引起低速打摆现象的主要原因,甲认为:前束过大、车轮外倾角、主销后倾角变小就是打摆现象的主要原因;乙认为:转向器啮合间隙过大是其中原因之一;丙认为:转向节主销与衬套间隙过大是其中原因之一。看法正确的是(　　)。

A. 甲和乙　　B. 乙和丙　　C. 丙和甲　　D. 甲

160. 动力转向液压助力系统缺少液压油会导致(　　)。

A. 行驶跑偏　　B. 转向沉重　　C. 制动跑偏　　D. 不能转向

161. 下列选项中(　　)不是动力转向液压助力系统引起转向沉重的原因。

A. 油泵磨损　　B. 缺液压油或滤油器堵塞

C. 油路中有气泡　　D. 分配阀反作用弹簧过软或损坏

162. 下列选项中(　　)是动力转向液压助力系统引起转向沉重的原因。

A. 油液脏　　B. 缺液压油或滤油器堵塞

C. 分配阀反作用弹簧过软或损坏　　D. 流量控制阀被卡住

163. 下列选项中(　　)是装备动力转向系统的汽车方向发飘的原因。

A. 油泵磨损　　B. 缺液压油或滤油器堵塞

C. 油路中有气泡　　D. 分配阀反作用弹簧过软或损坏

164. 下列选项中(　　)不是动力转向系统方向发飘或跑偏的原因。

A. 分配阀反作用弹簧过软或损坏

B. 缺液压油或滤油器堵塞

C. 流量控制阀被卡住

D. 阀体与阀体台阶位置偏移使滑阀不在中间位置

165. 关于装备动力转向系统的汽车方向发飘或跑偏的原因,甲认为:分配阀反作用弹簧过软或损坏就是方向发飘或跑偏的根本原因;乙认为:流量控制阀被卡住是原因之一;丙认为:阀体与阀体台阶位置偏移使滑阀不在中间位置是原因之一。看法正确的是(　　)。

A. 甲和乙　　B. 乙和丙　　C. 丙和甲　　D. 甲

166. 下列选项中(　　)是汽车动力转向左右转向力不一致的原因。

A. 分配阀反作用弹簧过软或损坏　B. 缺液压油或滤油器堵塞
C. 滑阀内有脏物阻滞　D. 油泵磨损

167. 下列选项中(　　)不是汽车动力转向左右转向力不一致的原因。
A. 缺液压油或滤油器堵塞
B. 分配阀的滑阀偏离中间位置
C. 分配阀的滑阀虽在中间位置但与阀体台阶的间隙大小不一致
D. 滑阀内有脏物阻滞

168. 关于汽车动力转向左右转向力不一致的原因，甲认为：分配阀的滑阀偏离中间位置是转向左右转向力不一致的根本原因；乙认为：分配阀的滑阀虽在中间位置但与阀体台阶的间隙大小不一致是原因之一；丙认为：滑阀内有脏物阻滞是原因之一。看法正确的是(　　)。
A. 甲和乙　B. 乙和丙　C. 丙和甲　D. 均错

169. 下列选项中(　　)不是悬架系统损坏引起的常见故障。
A. 轮胎异常磨损　B. 后桥异响　C. 车身倾斜　D. 汽车行驶跑偏

170. 下列选项中(　　)是悬架系统损坏引起的常见故障。
A. 车身抖动　B. 车身倾斜　C. 后桥异响　D. 前桥异响

171. 关于悬架系统损坏引起的常见故障，甲认为：轮胎异常磨损只是悬架系统损坏引起的；乙认为：车身倾斜是原因之一；丙认为：汽车行驶跑偏是原因之一；看法正确的是(　　)。
A. 甲和乙　B. 乙和丙　C. 丙和甲　D. 均错

172. 下列选项中(　　)是车身倾斜的原因。
A. 后桥异响　B. 主销变形
C. 车架轻微变形　D. 单侧悬挂弹簧弹力不足

173. 下列选项中(　　)不是车身倾斜的原因。
A. 车架轻微变形　B. 单侧悬挂弹簧弹力不足
C. 减振器损坏　D. 轮胎气压不平衡

174. 关于车身倾斜的原因，甲认为：单侧悬挂弹簧弹力不足是原因之一；乙认为：轮胎气压不平衡是引起上述故障的根本原因；丙认为：减振器损坏是原因之一。看法正确的是(　　)。
A. 甲和乙　B. 乙和丙　C. 丙和甲　D. 均错

175. 下列(　　)是行驶中有异响的原因。
A. 减振器性能减弱　B. 前悬挂移位
C. 单侧悬挂弹簧弹力不足　D. 弹簧折断

176. 下列(　　)是汽车行驶中有撞击声的原因。
A. 减振器性能减弱　B. 前悬挂移位
C. 单侧悬挂弹簧弹力不足　D. 弹簧折断

177. 关于汽车行驶中有撞击声或异响的原因，甲认为：减振器损坏是原因之一；乙认为：弹簧折断是原因之一；丙认为：单侧悬挂弹簧弹力不足是原因之一。看法正确的是(　　)。
A. 甲和乙　B. 乙和丙　C. 丙和甲　D. 均错

178. 下列选项中(　　)是汽车行驶跑偏的原因。
A. 主销变形　B. 超载运行　C. 减振器性能减弱　D. 车架变形

179. 下列选项中(　　)不是汽车行驶跑偏的原因。
A. 减振器性能减弱　　B. 前悬挂移位
C. 单侧悬挂弹簧弹力不足　　D. 车架变形
180. 关于汽车行驶跑偏的原因,甲认为:车架变形是行驶跑偏的直接原因;乙认为:前悬挂移位是原因之一;丙认为:单侧悬挂弹簧弹力不足是原因之一;看法正确的是(　　)。
A. 甲和乙　　B. 乙和丙　　C. 丙和甲　　D. 均错
181. 关于制动跑偏、甩尾的原因,甲认为:车架变形是制动跑偏、甩尾的原因;乙认为:单侧悬挂弹簧弹力不足是原因之一;丙认为:前悬挂弹簧弹力不足是原因之一。看法正确的是(　　)。
A. 甲和乙　　B. 乙和丙　　C. 丙和甲　　D. 均错
182. 下列(　　)不是制动跑偏、甩尾的原因。
A. 车架变形　　B. 前悬挂弹簧弹力不足
C. 单侧悬挂弹簧弹力不足　　D. 一侧车轮制动器制动性能减弱
183. 下列(　　)是制动跑偏的原因。
A. 前悬挂弹簧弹力不足　　B. 轮胎异常磨损
C. 减振器性能减弱　　D. 单侧悬挂弹簧弹力不足
184. 下列选项中(　　)是轮胎异常磨损的原因。
A. 减振器性能减弱　　B. 连接销松动
C. 减振器损坏　　D. 单侧悬挂弹簧弹力不足
185. 下列选项中(　　)不是轮胎异常磨损的原因。
A. 减振器性能减弱　　B. 主销后倾角改变
C. 轮胎气压不平衡　　D. 单侧悬挂弹簧弹力不足
186. 关于轮胎异常磨损的原因,甲认为:轮胎气压不平衡就是轮胎异常磨损的原因;乙认为:单侧悬挂弹簧弹力不足是原因之一;丙认为:主销后倾角改变是原因之一。看法正确的是(　　)。
A. 甲和乙　　B. 乙和丙　　C. 丙和甲　　D. 均错
187. 关于无气压或气压低引起气压制动系制动失效的原因,甲认为:空气压缩机传动带打滑就是引起上述故障的唯一原因;乙认为:空气压缩机损坏或供气量小是原因之一;丙认为:单向阀卡滞或制动管路堵塞是原因之一。看法正确的是(　　)。
A. 甲和乙　　B. 乙和丙　　C. 丙和甲　　D. 均错
188. 下列选项中(　　)是气压低引起气压制动系制动失效的原因。
A. 车轮制动器失效　　B. 制动阀进气阀打不开
C. 制动器室膜片破裂　　D. 空气压缩机传动带打滑
189. 下列选项中(　　)是无气压引起气压制动系制动失效的原因。
A. 车轮制动器失效　　B. 制动阀进气阀打不开
C. 制动器室膜片破裂　　D. 空气压缩机传动带打滑
190. 下列选项中(　　)是气压正常,但气压制动系制动失效的原因。
A. 空气压缩机损坏或供气量小　　B. 空气压缩机传动带打滑
C. 制动器室膜片破裂　　D. 单向阀卡滞或制动管路堵塞
191. 下列选项中(　　)不是气压正常,但气压制动系制动失效的原因。

A. 制动阀排气阀卡滞，关闭不严　　B. 制动软管、制动器室膜片破裂
C. 制动阀进气阀打不开　　D. 空气压缩机传动带打滑

192. 关于气压正常，但气压制动系制动失效的原因，甲认为：制动软管、制动器室膜片破裂是上述故障的唯一原因；乙认为：制动阀进气阀打不开是原因之一；丙认为：制动阀排气阀卡滞，关闭不严是原因之一。看法正确的是(　　)。
A. 甲和乙　　B. 乙和丙　　C. 丙和甲　　D. 均错

193. 下列选项中(　　)是气压制动系统制动不良的原因。
A. 空气压缩机损坏　　B. 制动软管破裂
C. 制动器室膜片破裂　　D. 制动阀调整不当

194. 关于气压制动系统制动不良的原因，甲认为：制动阀调整不当是原因之一；乙认为：制动总泵、制动踏板行程调整不当就是上述故障的唯一原因；丙认为：制动蹄摩擦片沾有油污、水，表面结焦炭化或摩擦片碎裂，磨损过大是原因之一。看法正确的是(　　)。
A. 甲和乙　　B. 乙和丙　　C. 丙和甲　　D. 均错

195. 下列选项中(　　)不是气压制动系统制动不良的原因。
A. 制动总泵、制动踏板行程调整不当
B. 空气压缩机传动带打滑
C. 制动阀调整不当
D. 制动蹄摩擦片沾有油污、水，表面结焦炭化或摩擦片碎裂，磨损过大

196. 下列选项中(　　)是气压制动跑偏的原因。
A. 制动总泵、制动踏板行程调整不当　　B. 空气压缩机传动带打滑
C. 制动阀调整不当　　D. 两前轮轮胎气压不一致

197. 下列选项中(　　)不是气压制动跑偏的原因。
A. 制动阀调整不当　　B. 两前轮车轮制动器间隙不一致
C. 车架变形，前轴位移　　D. 两前轮直径、花纹不一致

198. 关于气压制动跑偏的原因，甲认为：前轮制动器室膜片破裂、老化是引起上述故障的唯一原因；乙认为：两前轮车轮制动器间隙不一致是原因之一；丙认为：车架变形，前轴位移是原因之一。看法正确的是(　　)。
A. 甲和乙　　B. 乙和丙　　C. 丙和甲　　D. 均对

199. 关于制动甩尾的原因，甲认为：后桥悬架弹簧弹力不一致是引起上述故障的唯一原因；乙认为：两后轮制动气室之一制动管路或接头漏气是原因之一；丙认为：两后轮制动间隙不一致是原因之一。看法正确的是(　　)。
A. 甲和乙　　B. 丙和甲　　C. 乙和丙　　D. 均错

200. 下列选项中(　　)是制动拖滞的原因。
A. 制动踏板轴卡滞
B. 两后轮制动间隙不一致
C. 两后轮制动气室之一制动管路或接头漏气
D. 后桥悬架弹簧弹力不一致

201. 制动踏板轴卡滞会导致汽车(　　)。
A. 制动拖滞　　B. 制动甩尾　　C. 制动失效　　D. 制动过迟

202. 关于制动拖滞的原因，甲认为：制动阀排气阀间隙过小或排气阀门橡胶老化、变形而堵塞

排气口只是引起上述故障的原因;乙认为:制动蹄回位弹簧折断或弹力不够是原因之一;丙认为:制动踏板轴卡滞是原因之一。看法正确的是(　　)。

A. 甲和乙　　B. 乙和丙　　C. 丙和甲　　D. 均错

203. 关于液压制动系制动不良、失效的原因,甲认为:总泵皮碗、密封胶圈老化、发胀或翻转只是引起上述故障的原因;乙认为:制动蹄片磨损过量是原因之一;丙认为:液压制动系统中有空气是原因之一。看法正确的是(　　)。

A. 甲和乙　　B. 乙和丙　　C. 丙和甲　　D. 均错

204. 下列(　　)不是液压制动系制动失效的原因。

A. 液压管路中有空气　　B. 总泵回油孔堵塞

C. 总泵皮碗老化　　D. 制动鼓磨损过量

205. 下列(　　)是液压制动系制动不良的原因。

A. 总泵旁通孔或回油孔堵塞　　B. 制动蹄回位弹簧过软、折断

C. 液压制动系统中有空气　　D. 制动管路凹瘪堵塞

206. 下列选项中(　　)是液压制动系统卡死的原因。

A. 液压制动系统中有空气　　B. 总泵旁通孔或回油孔堵塞

C. 总泵皮碗、密封胶圈老化、发胀或翻转　　D. 制动蹄片磨损过量

207. 关于液压制动系统卡死的原因,甲认为:总泵旁通孔或回油孔堵塞就是引起上述故障的原因;乙认为:制动蹄摩擦片与制动鼓间隙过小是原因之一;丙认为:制动管路堵塞是原因之一。看法正确的是(　　)。

A. 甲和乙　　B. 乙和丙　　C. 丙和甲　　D. 均错

208. 总泵旁通孔或回油孔堵塞会导致汽车(　　)。

A. 制动系统过热　　B. 液压制动系统卡死

C. 制动跑偏　　D. 制动甩尾

209. 汽车离合器液压操纵系统漏油或有空气,会引起(　　)。

A. 离合器打滑　　B. 离合器分离不彻底

C. 离合器异响　　D. 离合器结合不理想

210. 下列因素中,(　　)是造成变速器乱挡的原因之一。

A. 轮齿磨成锥形　　B. 自锁装置失效　　C. 互锁装置失效　　D. 倒挡锁失效

211. 汽车变速器新更换的齿轮啮合相互不匹配会造成(　　)。

A. 跳挡　　B. 乱挡　　C. 发响　　D. 过热

212. 下列因素中导致汽车液压制动不良的是(　　)。

A. 制动主缸回油阀密封不良　　B. 制动主缸出油阀弹簧过软

C. 制动主缸旁通孔堵塞　　D. 制动踏板自由行程过小

213. 汽车液压制动个别车轮制动拖滞是由于(　　)。

A. 制动液太脏或黏度过大　　B. 制动踏板自由行程过小

C. 制动蹄片与制动鼓间隙过小　　D. 制动主缸旁通孔堵塞

214. 对液压制动的汽车连续踏几次制动踏板后,踏板能升高但踏制动踏板感觉有弹性,则是由于(　　)。

A. 主缸皮碗破坏、顶翻　　B. 液压系统有空气或制动液气化

C. 液压系统有渗漏　　D. 制动液牌号不对

215. 造成汽车气压制动拖滞故障的原因是(　　)。
A. 制动阀排气间隙过大　　B. 车轮制动器回位弹簧折断或过软
C. 制动凸轮轴或制动蹄轴配合间隙过大　　D. 气压过高

216. 汽车制动解除时,若排气缓慢或不排气而造成全车制动鼓发热,应检查(　　)。
A. 制动气室　　B. 制动蹄回位弹簧　　C. 制动操纵机构　　D. 储气筒

二、判断题(对的画"√",错的画"×")

(　　)1. 膜片弹簧离合器在分离时,会产生反向锥形变形,使压盘与从动盘分离。
(　　)2. 离合器从动盘表面有油污时,应用汽油将其清洁。
(　　)3. 若离合器间隙太小甚至没有间隙,离合器会出现"打滑"故障。
(　　)4. 如制动鼓过热,说明制动蹄与制动鼓之间的间隙过大。
(　　)5. 离合器摩擦片沾油或磨损过甚会引起离合器打滑。
(　　)6. 汽车变速器中所有常啮合齿轮均为斜齿轮。
(　　)7. 将变速器轴的花键插入与之配合的机件中,用手检查不应有松旷过大的感觉。
(　　)8. 变速器常啮合齿轮齿厚磨损不得超过 0.25 mm。
(　　)9. 同步器的作用是将输入轴与输出轴连接起来。
(　　)10. 变速器盖应无裂损,变速叉轴与盖承孔的配合间隙为 0.04～0.20 mm。
(　　)11. 自动变速器内的离合器的作用是将某一执行元件固定。
(　　)12. 自动变速器手动阀的作用是用于控制阀板内油压,使之不高于某一压力。
(　　)13. 进行自动变速器失速试验后,发动机应立即熄火。
(　　)14. 双级主减速器共有三对啮合齿轮。
(　　)15. 汽车在良好平坦的公路上直线行驶时,差速器的行星齿轮只做公转而无自转。
(　　)16. 汽车后桥壳变形会使轮胎磨损加快。
(　　)17. 主减速器主从动锥齿轮的啮合印痕的要求是正车面较倒车面要高。
(　　)18. 半轴花键与半轴齿轮及突缘键槽的侧隙不大于原设计规定 0.15 mm。
(　　)19. 等速万向节只能用于转向驱动桥的半轴上。
(　　)20. 半轴花键与半轴齿轮及突缘键槽的侧隙不大于原设计规定 0.30 mm。
(　　)21. 检查传动轴花键轴与滑动叉花键的配合间隙,最大不得超过 0.4 mm。
(　　)22. 转向器按结构形式分为齿轮齿条式转向器、循环球式转向器和蜗杆曲柄指销式转向器。
(　　)23. 直拉杆应无明显变形,横拉杆的直线度公差为 1.5 mm。
(　　)24. 转向盘转向传动比增大,则转向操纵力不变。
(　　)25. 随着汽车的发展,有的汽车没有车架。
(　　)26. 奥迪 100 型轿车采用综合式车架。
(　　)27. 当汽车在凸凹不平的路面上行驶较长时间后,用手触摸内缸,如内缸灼热则表明其工作不正常,应予更换。
(　　)28. 所有汽车的转向轮前束值不能为负值。
(　　)29. EQ1092 型汽车蹄鼓间隙值支承端比凸轮端大。
(　　)30. 桑塔纳 2000 型轿车前轮采用的是浮动钳型盘式制动器。
(　　)31. 解除制动时,真空增压制动传动装置控制油压下降,加力气室互相沟通,膜片、推杆、辅助缸活塞都在回位弹簧作用下各自回位。

(　　)32. 气压制动传动装置的特点是制动踏板行程较长。

(　　)33. 制动主缸的作用是将由制动踏板输入的机械推力转变成制动力。

(　　)34. 气压制动系统中的气压调节器上的螺钉旋入时气压降低。

(　　)35. 空气助力器的助力源是大气与真空的压力差,真空助力器的助力源为压缩空气与大气的压力差。

(　　)36. 真空助力式液压制动传动装置,加力气室和主缸组成一个整体,叫做真空助力器。

(　　)37. 由于真空增压器所助力也较大,为此重型汽车采用空气增压装置。

(　　)38. 如制动鼓过热,说明制动蹄与制动鼓之间的间隙可能过小。

(　　)39. 东风 EQ1092 型汽车制动蹄与制动鼓的制动间隙为 0.35 mm。

(　　)40. 用弓形内径规测量,制动鼓内圆面的圆度误差不得超过规定值。

(　　)41. 盘式车轮制动器均装有间隙自调机构,不需要专门调整。

(　　)42. 驻车制动器制动机构有盘式、鼓式、带式和弹簧作用式等形式。

(　　)43. 汽车制动凸轮轴与底板支座承孔的配合间隙应不大于 0.05 mm。

(　　)44. 汽车离合器在分离、接合或起步时发生异响是可能的。

(　　)45. 变速器壳体变形是变速器异响的一个重要原因。

(　　)46. 变速器直接挡无异响,而在其他挡位均有异响,说明第一轴轴承损坏。

(　　)47. 万向节轴承壳压得过紧是万向传动装置异响的原因之一。

(　　)48. 万向传动装置异响会发生在汽车不同运行状态。

(　　)49. 汽车半轴齿轮与行星齿轮不匹配,将会导致后桥异响。

(　　)50. 汽车后桥的异响必须通过仪器来诊断。

(　　)51. 转向器转向轴弯曲或管柱凹瘪相互摩擦是转向沉重的原因之一。

(　　)52. 前桥变形只是行驶跑偏的原因。

(　　)53. 转向器啮合间隙过大是引起低速打摆现象的原因之一。

(　　)54. 缺液压油或滤油器堵塞只是动力转向液压助力系统引起的转向沉重的原因。

(　　)55. 分配阀反作用弹簧过软或损坏就是动力转向方向发飘或跑偏的原因。

(　　)56. 滑阀内有脏物阻滞就是汽车动力转向左右转向力不一致的原因。

(　　)57. 汽车行驶跑偏只是悬架系统损坏引起的常见故障。

(　　)58. 轮胎气压不平衡只是车身倾斜的原因。

(　　)59. 单侧悬挂弹簧弹力不足只是行驶中有撞击声或异响的原因。

(　　)60. 前悬挂移位只是汽车行驶跑偏的原因。

(　　)61. 单侧悬挂弹簧弹力不足是制动跑偏、甩尾的原因之一。

(　　)62. 车架变形就是轮胎异常磨损的原因。

(　　)63. 空气压缩机损坏或供气量小是无气压或气压低引起气压制动系制动失效的原因之一。

(　　)64. 制动软管、制动器室膜片破裂只是气压正常,但气压制动系制动失效的原因。

(　　)65. 制动阀调整不当是气压制动系统制动不良的原因之一。

(　　)66. 两前轮车轮制动器间隙不一致是气压制动跑偏的原因之一。

(　　)67. 两后轮制动气室之一制动管路或接头漏气是制动甩尾的原因之一。

(　　)68. 制动蹄回位弹簧折断或弹力不够是制动拖滞的原因之一。

(　　)69. 总泵皮碗、密封胶圈老化、发胀或翻转是液压制动系制动不良的原因之一。
(　　)70. 总泵旁通孔或回油孔堵塞是液压制动系统卡死的原因之一。
(　　)71. 汽车变速器齿油不足或品质变化会引起变速器异响。
(　　)72. 普通汽车液压制动系统对制动液牌号要求不太严格。

参考答案

一、单项选择题

1. B	2. C	3. D	4. D	5. C	6. C	7. A	8. B	9. B	10. B
11. D	12. A	13. D	14. B	15. B	16. D	17. A	18. A	19. B	20. B
21. D	22. C	23. B	24. B	25. A	26. A	27. A	28. A	29. B	30. C
31. B	32. A	33. C	34. A	35. D	36. A	37. B	38. A	39. A	40. D
41. A	42. D	43. C	44. B	45. C	46. A	47. C	48. B	49. A	50. B
51. B	52. B	53. D	54. C	55. D	56. C	57. C	58. B	59. D	60. C
61. D	62. D	63. D	64. A	65. A	66. C	67. C	68. B	69. C	70. C
71. A	72. A	73. A	74. A	75. A	76. B	77. B	78. A	79. A	80. B
81. B	82. D	83. A	84. C	85. C	86. A	87. B	88. C	89. C	90. A
91. A	92. C	93. C	94. A	95. D	96. A	97. A	98. A	99. D	100. A
101. B	102. A	103. D	104. D	105. C	106. B	107. D	108. A	109. A	110. B
111. B	112. D	113. B	114. B	115. B	116. A	117. B	118. A	119. D	120. C
121. A	122. B	123. C	124. D	125. B	126. D	127. B	128. A	129. C	130. A
131. B	132. D	133. D	134. A	135. D	136. A	137. A	138. A	139. A	140. D
141. A	142. A	143. A	144. A	145. D	146. B	147. C	148. B	149. A	150. D
151. C	152. C	153. B	154. D	155. A	156. A	157. B	158. D	159. B	160. B
161. D	162. B	163. D	164. B	165. B	166. C	167. A	168. B	169. B	170. D
171. B	172. D	173. A	174. C	175. D	176. D	177. A	178. D	179. A	180. B
181. A	182. B	183. D	184. D	185. A	186. B	187. B	188. D	189. D	190. C
191. D	192. B	193. D	194. C	195. B	196. D	197. A	198. B	199. C	200. A
201. A	202. B	203. B	204. B	205. C	206. B	207. B	208. B	209. B	210. C
211. C	212. C	213. C	214. B	215. B	216. C				

二、判断题

1. √	2. ×	3. √	4. ×	5. √	6. √	7. √	8. √	9. ×	10. √
11. ×	12. ×	13. ×	14. ×	15. √	16. √	17. √	18. √	19. ×	20. ×
21. √	22. √	23. ×	24. ×	25. √	26. ×	27. √	28. ×	29. ×	30. √
31. √	32. ×	33. ×	34. ×	35. ×	36. ×	37. ×	38. √	39. ×	40. √
41. √	42. √	43. ×	44. √	45. √	46. ×	47. √	48. ×	49. √	50. ×
51. √	52. ×	53. √	54. ×	55. ×	56. ×	57. ×	58. ×	59. ×	60. ×
61. √	62. ×	63. √	64. ×	65. √	66. √	67. √	68. √	69. √	70. √
71. √	72. ×								

第七单元　汽车电气设备维护与故障排除

学习目标

(1) 二级维护前汽车电气设备的检测与附加作业确定。
(2) 汽车电气二级维护附加作业。
(3) 启动机的检修。
(4) 发电机的检修。
(5) 空调制冷系统的检修。
(6) 仪表的检修。
(7) 电气设备故障诊断与排除。

考核要点

考核类别	考核范围	考　核　点	重要程度
汽车电气设备维护与故障排除	二级维护前汽车电气设备的检测与附加作业确定	二级维护前汽车电气设备的检测项目	★★
		二级维护附加作业项目的确定依据	★
	汽车电气二级维护附加作业	蓄电池维护	★
		电子点火系统的工作原理与维护	★
	启动机的检修	启动机的构造与工作原理	★
		启动机的检查与维护	★★
	发电机的检修	交流发电机及调节器的构造与工作原理	★
		交流发电机的检修与调整	★★
	空调制冷系统的检修	制冷剂	★
汽车电气设备维护与故障排除	空调制冷系统的检修	空调制冷系统	★★
		空调制冷系统检修	★★
	仪表的检修	电流表的检修	★
		水温表的检修	★
		燃油表的检修	★
		车速里程表的检修	★
	电气设备故障诊断与排除	充电系常见故障的诊断与排除	★★★
		启动机常见故障的诊断与排除	★★★
		点火系常见故障的诊断与排除	★★
		喇叭常见故障的诊断与排除	★★
		空调系统常见故障的诊断与排除	★★
		汽车仪表常见故障的诊断与排除	★★
		汽车车身电器常见故障的诊断与排除	★★

考点导航

一、二级维护前汽车电气设备的检测与附加作业确定

1. 二级维护前汽车电气设备的检测项目
(1) 检查点火提前角。
(2) 检查分电器重叠角与触点闭合角。
(3) 检查点火电压。
(4) 检查启动电压、电流。
(5) 检查空调系统。
2. 二级维护附加作业项目的确定依据
(1) 点火系中如检测出触点闭合角不符合规定，点火提前角失准。
(2) 点火电压达不到规定值，点火波形失常。

二、汽车电气二级维护附加作业

1. 蓄电池维护
(1) 蓄电池电解液的检查。
(2) 蓄电池放电程度的检查。
(3) 蓄电池充电。
2. 电子点火系统的工作原理与维护
(1) 更换点火模块。
(2) 更换点火系统传感器。

三、启动机的检修

1. 启动机的构造与工作原理
(1) 启动机分类。
(2) 启动机的组成。
(3) 启动机控制电路。
2. 启动机的检查与维护
(1) 启动机解体与组装。
(2) 启动机的检修。
(3) 启动机的竣工验收。

四、发电机的检修

1. 交流发电机及调节器的构造与工作原理
(1) 交流发电机的组成。
(2) 交流发电机分类。
(3) 交流发电机工作原理。
(4) 调节器的类型与工作原理。
(5) 调节器的种类。

2. 交流发电机的检修与调整
(1) 交流发电机的解体与组装。
(2) 交流发电机的检修与调整
(3) 发电机的竣工验收。

五、空调制冷系统的检修

1. 制冷剂
(1) 制冷剂的种类。
(2) 制冷剂的性能。
2. 空调制冷系统
(1) 空调压缩机的结构原理。
(2) 冷凝器的结构原理。
(3) 蒸发器的结构原理。
(4) 膨胀阀的结构原理。
3. 空调制冷系统检修
(1) 空调压缩机的装配及检验。
(2) 膨胀阀的检修。
(3) 制冷系统的性能试验。

六、仪表的检修

1. 电流表的检修
(1) 电流表结构原理。
(2) 电流表的检修。
2. 水温表的检修
(1) 水温表结构原理。
(2) 水温表的检修。
3. 燃油表的检修
(1) 燃油表结构原理。
(2) 燃油表的检修。
4. 车速里程表的检修
(1) 车速里程表结构原理。
(2) 车速里程表的检修。

七、电气设备故障诊断与排除

1. 充电系常见故障诊断与排除
(1) 不充电故障的诊断与排除。
(2) 充电电流不稳故障的诊断与排除。
(3) 发电机异响故障的诊断与排除。
2. 启动系常见故障的诊断与排除
(1) 不启动故障的诊断与排除。

（2）启动机运转无力故障的诊断与排除。
（3）启动机不能与飞轮结合故障的诊断。
3. 点火系常见故障的诊断与排除
（1）火花塞间歇性跳火故障的诊断与排除。
（2）高压无火故障的诊断与排除。
（3）低速断火故障的诊断与排除。
4. 喇叭常见故障的诊断与排除
（1）喇叭不响故障的诊断与排除。
（2）喇叭声响不正常故障的诊断与排除。
（3）喇叭触点经常烧坏故障的诊断与排除。
（4）喇叭长鸣故障的诊断与排除。
5. 空调系统常见故障的诊断与排除
（1）空调压缩机不运转故障的诊断与排除。
（2）空调压缩机不停转故障的诊断与排除。
6. 汽车仪表常见故障的诊断与排除
（1）机油压力过低报警灯故障的诊断与排除。
（2）气压不足报警灯故障的诊断与排除。
（3）燃油不足报警灯故障的诊断与排除。
（4）蓄电池液面过低报警灯故障的诊断与排除。
（5）电子显示装置知识。
7. 汽车车身电器常见故障的诊断与排除
（1）电动车窗常见故障的诊断与排除。
（2）电动座椅常见故障的诊断与排除。
（3）电动后视镜常见故障的诊断与排除。
（4）中央门锁常见故障的诊断与排除。
（5）汽车综合电路故障的诊断与排除。

仿真训练

一、单项选择题（请将正确选项的代号填入题内的括号中）

1. 进行汽车二级维护前，检查发动机的转速为（　　）时，点火提前角应为9°。
A. 200 r/min　　B. 400 r/min　　C. 600 r/min　　D. 800 r/min
2. 进行汽车二级维护前，检查发动机的转速为800 r/min时，点火提前角应为（　　）。
A. 3°　　B. 5°　　C. 7°　　D. 9°
3. 断电器触点闭合期间对应的分电器（　　）转角，称为触点闭合角。
A. 曲轴　　B. 转子　　C. 凸轮轴　　D. 驱动轴
4. 进行汽车二级维护前，检测分电器重叠角，国家标准规定分电器重叠角应不大于（　　）。
A. 3°　　B. 5°　　C. 7°　　D. 9°
5. 断电器触点闭合期间对应的分电器凸轮轴转角称为（　　）。
A. 分电器重叠角　　B. 触点闭合角　　C. 触点提前角　　D. 触点滞后角

6. 进行汽车二级维护前,检查发动机的转速为(　　)时,点火电压应为 8～10 kV。

A. 200 r/min　　B. 400 r/min　　C. 600 r/min　　D. 800 r/min

7. 进行汽车二级维护前,检查发动机的转速为 800 r/min 时,点火电压应为(　　)。

A. 2～4 kV　　B. 4～6 kV　　C. 6～8 kV　　D. 8～10 kV

8. 进行汽车二级维护前,检查发动机的转速为 1 200 r/min 时,单缸发动机断火转速下降应不小于(　　)。

A. 30 r/min　　B. 50 r/min　　C. 70 r/min　　D. 90 r/min

9. 为保证车辆顺利启动,启动电流稳定值应该为 100～150 A,蓄电池内阻不大于 20 mΩ;稳定电压不小于(　　)。

A. 3 V　　B. 6 V　　C. 9 V　　D. 12 V

10. 为保证车辆顺利启动,启动前蓄电池电压不小于(　　)。

A. 6 V　　B. 8 V　　C. 10 V　　D. 12 V

11. 为保证车辆顺利启动,启动电流稳定值应该为 100～150 A,蓄电池内阻不大于(　　);稳定电压不小于 9 V。

A. 5 mΩ　　B. 10 mΩ　　C. 20 mΩ　　D. 50 mΩ

12. 充氟试漏是向系统充注氟利昂蒸汽,使系统压力高达(　　),然后用卤素灯检漏仪检漏。

A. 0.15 MPa　　B. 0.25 MPa　　C. 0.35 MPa　　D. 0.45 MPa

13. 下列选项中(　　)是向系统充注氟利昂蒸汽,使系统压力高达 0.35 MPa,然后用卤素灯检漏仪检漏。

A. 抽真空　　B. 充氟试漏　　C. 加压　　D. 测试压力

14. 充氟试漏是向系统充注(　　)蒸汽,使系统压力高达 0.35 MPa,然后用卤素灯检漏仪检漏。

A. 水　　B. 冷却液　　C. 氟利昂　　D. 压缩机油

15. 橡胶壳蓄电池电解液液面高度应高出极板(　　)。

A. 5～10 mm　　B. 10～15 mm　　C. 15～20 mm　　D. 20～25 mm

16. 一般每行驶(　　)或冬季行驶 10～15 天,夏季行驶 5～6 天,应检查电解液的液面高度。

A. 200 km　　B. 500 km　　C. 1 000 km　　D. 1 500 km

17. 一般夏季行驶(　　),应检查电解液的液面高度。

A. 5～6 天　　B. 10～12 天　　C. 12～14 天　　D. 14～14 天

18. 一般技术状况良好的蓄电池,单格电压应在(　　)以上,并在 5 s 内保持稳定。

A. 0.5 V　　B. 1.0 V　　C. 1.5 V　　D. 2.0 V

19. 一般技术状况良好的蓄电池,单格电压应在 1.5 V 以上,并在 5 s 内保持稳定。若(　　)内下降至 1.7 V,说明存电量足。

A. 1 s　　B. 3 s　　C. 5 s　　D. 7 s

20. 一般技术状况良好的蓄电池,单格电压应在 1.5 V 以上,并在(　　)内保持稳定。

A. 1 s　　B. 3 s　　C. 5 s　　D. 7 s

21. 蓄电池电解液的质量浓度应为(　　)。

A. 1.84 g/cm^3　　B. 1.90 g/cm^3　　C. 2.00 g/cm^3　　D. 2.80 g/cm^3

22. 在充电完成 2 h 后测量电解液相对密度,若不符合要求,可用蒸馏水(过高时)或相对密度为 1.4 的(　　)(过低时)调整。

A. 稀硝酸　　B. 浓硝酸　　C. 稀硫酸　　D. 浓硫酸

23. 按蓄电池生产厂家的要求或气温条件，在蓄电池内加注规定密度的电解液，静置 6～8 h 后，再将液面高度调整到高出极板（或防护片）顶部（　　）。

A. 5～10 mm　　B. 10～15 mm　　C. 15～20 mm　　D. 20～25 mm

24. 在充电完成 2 h 后测量电解液相对密度，若不符合要求，可用（　　）（过高时）或相对密度为 1.4 的稀硫酸（过低时）调整。

A. 蒸馏水　　B. 井水　　C. 河水　　D. 雪水

25. 为确保安全，更换点火模块前应采取的措施是（　　）。

A. 拆下蓄电池负极导线　　B. 拆下蓄电池正极导线

C. 拆下蓄电池　　D. 关闭点火开关

26. 点火模块用于控制点火线圈初级绕组的（　　）。

A. 搭铁　　B. 电源　　C. 电阻　　D. 电感

27. 关于更换点火模块前应采取的措施，说法错误的是（　　）。

A. 注意观察点火模块的连接方式　　B. 拆下蓄电池正极导线

C. 注意观察点火模块的型号　　D. 关闭点火开关

28. 爆振传感器的拧紧力矩为（　　）。

A. 5 N·m　　B. 10 N·m　　C. 15 N·m　　D. 20 N·m

29. 为确保安全，更换霍尔传感器前应采取的措施是（　　）。

A. 拆下蓄电池负极导线　　B. 拆下蓄电池正极导线

C. 拆下蓄电池　　D. 关闭点火开关

30. 车速传感器安装在（　　）。

A. 气缸体上　　B. 油底壳上　　C. 离合器上　　D. 变速器上

31. 汽车发动机需要传递较大转矩且启动机尺寸较大时，应使用（　　）式单向离合器。

A. 滚柱　　B. 摩擦片　　C. 弹簧　　D. 带式

32. 小功率启动机广泛使用的是（　　）式离合器。

A. 滚柱　　B. 摩擦片　　C. 弹簧　　D. 带式

33. 汽车启动机电磁开关通电，活动铁芯完全吸入驱动齿轮时，驱动齿轮与止推环之间的间隙一般为（　　）。

A. 1.5～2.5 mm　　B. 5 mm　　C. 5～10 mm　　D. 5～7 mm

34. 检查启动机电枢绕组换向器是否断路，应用（　　）检查。

A. 电流表　　B. 电压表　　C. 欧姆表　　D. 伏安表

35. 启动机电磁开关吸拉线圈的电阻值为（　　）。

A. 1.5～2.6 Ω　　B. 1.6～2.6 Ω　　C. 2.6～2.7 Ω　　D. 2.7～2.9 Ω

36. 启动机电枢轴弯曲超过（　　）时，应进行校正。

A. −0.05 mm　　B. 0.10 mm　　C. 0.15 mm　　D. 0.25 mm

37. 启动机的驱动齿轮与止推垫之间的间隙应为（　　）。

A. 1～4 mm　B. 1～2 mm　C. 0.5～1 mm　D. 0.5～0.9 mm

38. 启动机的空转试验不得越过（　）。

A. 0.5 min　B. 1.0 min　C. 1.5 min　D. 2.0 min

39. 启动机在做全制动试验时，除测试电流、电压外，还应测试（　）。

A. 转速　B. 转矩　C. 功率　D. 电阻值

40. 交流发电机的（　）是产生交流电动势的。

A. 定子　B. 转子　C. 铁芯　D. 线圈

41. 交流发电机单相桥式硅整流器每个二极管，在一个周期内的导通时间为（　）周期。

A. 1/2　B. 1/3　C. 1/4　D. 1/6

42. 汽车行驶时，充电指示灯由亮转灭，说明（　）。

A. 发电机处于他励状态　B. 发电机处于自励状态

C. 充电系统有故障　D. 指示灯损坏

43. 中心引线为负极，管壳为正极的二极管是（　）。

A. 负极二极管　B. 励磁二极管　C. 正极二极管　D. 稳压二极管

44. 硅整流发电机的中性点电压等于发电机极柱直流输出电压的（　）。

A. 1/2　B. 1 倍　C. 1/3　D. 1/4

45. 汽车行驶时，充电指示灯（　），说明发电机处于自励状态。

A. 灭　B. 由亮转灭　C. 亮　D. 不断闪动

46. 解放 CA1091 型汽车发电机空转时，在转速不大于 1 150 r/min 的条件下，电压为（　）。

A. 11 V　B. 12 V　C. 13 V　D. 14 V

47. 东风 EQ1090 型汽车发电机空转时，在转速不大于 1 150 r/min 的条件下，电压为（　）。

A. 11 V　B. 12 V　C. 13 V　D. 14 V

48. 验收发电机时，检查有无机械和电路故障，可采取（　）试验。

A. 负载　B. 启动　C. 空转　D. 手动

49. HCFC 类制冷剂包括 R22、R123、（　）等。

A. R133　B. R143　C. R153　D. R163

50. 下列选项中（　）类制冷剂包括 R22、R123、R133 等。

A. HCFA　B. HCFB　C. HCFC　D. HCFD

51. 下列选项中（　）类制冷剂包括 R11、R12、R13、R113、R114、R115 等。

A. CFA　B. CFB　C. CFC　D. CFD

52. CFC12 对大气臭氧层破坏作用最大，臭氧层破坏系数（ODP）值为 1，温室效应（GWP）值达（　）左右。

A. 1　B. 2　C. 3　D. 4

53. CFC12 对大气臭氧层破坏作用最大，臭氧层破坏系数（ODP）值为（　），温室效应（GWP）值达 3 左右。

A. 1　B. 2　C. 3　D. 4

54. 下列选项中（　）的最大特点是不含氯原子，ODP 值为 0，GWP 也很低，为 0.25～0.26。

A. HFC12　B. HFC13　C. HFC14　D. HFC134a

55. 在汽车制冷循环系统中，经膨胀阀送往蒸发器管道中的制冷剂是（　）状态。

A. 高温高压液体　B. 低温低压液体　C. 低温高压气体　D. 高温低压液体

56. 汽车空调操纵面板上的A/C开关是用来控制(　　)系统的。
A. 采暖　　B. 通风　　C. 制冷　　D. 转换

57. 汽车空调系统中,电磁离合器的作用是用来控制(　　)之间的动力传递。
A. 发动机与电磁离合器　　B. 发动机与压缩机
C. 压缩机与电磁离合器　　D. 压缩机与启动机

58. 制冷剂进入压缩机时的状态为(　　)。
A. 低压过热蒸气　　B. 低压过冷蒸气　　C. 高压过热蒸气　　D. 高压过热蒸气

59. 在汽车空调系统中,(　　)将系统的低压侧与高压侧分隔开。
A. 空调压缩机　　B. 干燥罐　　C. 蒸发器　　D. 冷凝器

60. 制冷剂离开压缩机时的状态为(　　)。
A. 低压过热蒸气　　B. 低压过冷蒸气　　C. 高压过热蒸气　　D. 高压过热蒸气

61. 关于冷凝器,甲说:气体状态的载热制冷剂在冷凝器中得到液化;乙说:气体状态的载热制冷剂在冷凝器中得到冷凝。以上观点(　　)。
A. 甲正确　　B. 乙正确　　C. 甲乙都正确　　D. 甲乙都不正确

62. 关于冷凝器,甲说:制冷剂离开冷凝器时并不总是100%的液体;乙说:少量制冷剂可能以气态离开冷凝器。以上观点(　　)。
A. 甲正确　　B. 乙正确　　C. 甲乙都正确　　D. 甲乙都不正确

63. 关于冷凝器检修,甲说:如果仅是外表积污,冷凝器散热片被堵塞,应用水清洗;乙说:用压缩空气吹,同时注意不要损伤冷凝器散热片,以上观点(　　)。
A. 甲正确　　B. 乙正确　　C. 甲乙都正确　　D. 甲乙都不正确

64. 关于蒸发器,甲说:蒸发器安装在车辆驾驶室内用于冷却室内空气。乙说:蒸发器安装在车辆驾驶室内用于除去空气中湿气。以上观点(　　)。
A. 甲正确　　B. 乙正确　　C. 甲乙都正确　　D. 甲乙都不正确

65. 关于蒸发器,甲说:蒸发器管件间如严重脏污会导致制冷效果不良;乙说:蒸发器管件间如严重脏污会导致空气中水分在蒸发器处冷却后流入驾驶室内。以上观点(　　)。
A. 甲正确　　B. 乙正确　　C. 甲乙都正确　　D. 甲乙都不正确

66. 关于蒸发器检修,甲说:应清洁排泄管路,并清除积聚底板的水分;乙说:如属泄漏,应对泄漏处进行焊补。你认为以上观点(　　)。
A. 甲正确　　B. 乙正确　　C. 甲乙都正确　　D. 甲乙都不正确

67. 关于膨胀阀,甲说:膨胀阀安装于驾驶室内;乙说:膨胀阀安装于蒸发器旁。你认为以上观点(　　)。
A. 甲正确　　B. 乙正确　　C. 甲乙都正确　　D. 甲乙都不正确

68. 关于膨胀阀,甲说:膨胀阀位于蒸发器入口侧。乙说:膨胀阀可将系统的高压侧与低压侧隔离开来。你认为以上观点(　　)。
A. 甲正确　　B. 乙正确　　C. 甲乙都正确　　D. 甲乙都不正确

69. 关于膨胀阀检修,甲说:膨胀阀开度过大,一般高、低压侧压力均高,外表有结霜、结冰现象;乙说:膨胀阀开度过小,一般高、低压侧压力均低,制冷不足。你认为以上观点(　　)。
A. 甲正确　　B. 乙正确　　C. 甲乙都正确　　D. 甲乙都不正确

70. 使用汽车空调时,下列(　　)影响制冷效果。
A. 乘客过多　　B. 汽车快速行驶　　C. 大负荷　　D. 门窗关闭不严

71. 汽车空调系统低压压力开关在(　　)起作用。

A. 系统压力过高时　　B. 系统压力过低时

C. 过高或过低时　　D. 以上三者都不是

72. 检查汽车空调压缩机性能时,应使发动机转速达到(　　)。

A. 1 000 r/min　　B. 1 500 r/min　　C. 1 600 r/min　　D. 2 000 r/min

73. 关于汽车电流表,甲说:电流表指示值表明发电机是否正常工作;乙说:电流表指示值表明蓄电池充电状况。你认为以上观点(　　)。

A. 甲正确　　B. 乙正确　　C. 甲乙都正确　　D. 甲乙都不正确

74. 关于汽车电流表,甲说:电流表指示"-"时为蓄电池放电;乙说:电流表指示"+"时为发电机向蓄电池充电。你认为以上观点(　　)。

A. 甲正确　　B. 乙正确　　C. 甲乙都正确　　D. 甲乙都不正确

75. 关于汽车电流表检修,甲说:不同型号的发电机应配用不同量程的电流表;乙说:电流表应串联在蓄电池和发电机之间,且接线时极性不可接错。你认为以上观点(　　)。

A. 甲正确　　B. 乙正确　　C. 甲乙都正确　　D. 甲乙都不正确

76. 关于电压表检修,甲说:车载电压表读数不一定准确;乙说:车载电压表的读数仅供参考。你认为以上观点(　　)。

A. 甲正确　　B. 乙正确　　C. 甲乙都正确　　D. 甲乙都不正确

77. 关于电压表检修,甲说:应使用万用表确认电压表读数是否准确;乙说:可使用检测仪确认电压表读数是否准确。你认为以上观点(　　)。

A. 甲正确　　B. 乙正确　　C. 甲乙都正确　　D. 甲乙都不正确

78. 关于电压表检修,甲说:车载电压表显示的数值为蓄电池或发电机的端电压;乙说:车载电压表显示的数值为点火系的高压电压。你认为以上观点(　　)。

A. 甲正确　　B. 乙正确　　C. 甲乙都正确　　D. 甲乙都不正确

79. 关于燃油表指示,甲说:如燃油表指示"F",表明油箱内的燃油为满箱;乙说:如燃油表指示"E",表明油箱内的燃油为空箱。你认为以上观点(　　)。

A. 甲正确　　B. 乙正确　　C. 甲乙都正确　　D. 甲乙都不正确

80. 关于燃油表指示,甲说:如燃油表指示"F",表明油箱内的燃油为满箱;乙说:如燃油表指针位于红色区域,表明油箱内的燃油为空箱。你认为以上观点(　　)。

A. 甲正确　　B. 乙正确　　C. 甲乙都正确　　D. 甲乙都不正确

81. 关于燃油表检修,甲说:在安装传感器时,与油箱搭铁必须良好;乙说:传感器的电阻末端必须搭铁,这样可以避免因滑片与电阻接触不良时产生火花而引起火灾。你认为以上观点(　　)。

A. 甲正确　　B. 乙正确　　C. 甲乙都正确　　D. 甲乙都不正确

82. 关于车速里程表,甲说:车速里程表的动力源来自变速器的输入轴;乙说:车速里程表由汽车的变速器软轴驱动仪表的主动轴。你认为以上观点(　　)。

A. 甲正确　　B. 乙正确　　C. 甲乙都正确　　D. 甲乙都不正确

83. 关于车速里程表,甲说:车速里程表的动力源来自变速器的输出轴;乙说:车速里程表由汽车的变速器软轴驱动仪表的主动轴。你认为以上观点(　　)。

A. 甲正确　　B. 乙正确　　C. 甲乙都正确　　D. 甲乙都不正确

84. 关于车速里程表,甲说:车速里程表的车速表动力源来自变速器的输入轴;乙说:车速里程表的里程表由汽车的变速器软轴驱动仪表的主动轴。你认为以上观点(　　)。

A. 甲正确　　B. 乙正确　　C. 甲乙都正确　　D. 甲乙都不正确

85. 关于充电电流不稳故障的原因，甲说：充电电流不稳的原因可能是风扇传动带打滑；乙说：充电电流不稳的原因可能是充电系统连接导线接触不良。你认为以上观点(　　)。

A. 甲正确　　B. 乙正确　　C. 甲乙都正确　　D. 甲乙都不正确

86. 关于充电电流不稳故障的原因，甲说：充电电流不稳的原因可能是发电机内部定子或转子线圈某处有断路或短路；乙说：充电电流不稳的原因可能是电压调节器有关线路板松动或搭铁不良。你认为以上观点(　　)。

A. 甲正确　　B. 乙正确　　C. 甲乙都正确　　D. 甲乙都不正确

87. 关于充电电流不稳故障的症状，甲说：充电电流不稳的症状是发动机在中速以上运转，电流表指示充电电流忽大忽小；乙说：充电电流不稳的症状是发动机在中速以上运转，充电指示灯忽明忽暗。你认为以上观点(　　)。

A. 甲正确　　B. 乙正确　　C. 甲乙都正确　　D. 甲乙都不正确

88. 关于启动机运转无力故障的原因，甲说：启动机运转无力的原因可能是蓄电池亏电太多；乙说：启动机运转无力的原因可能是启动电路接头松动。你认为以上观点(　　)。

A. 甲正确　　B. 乙正确　　C. 甲乙都正确　　D. 甲乙都不正确

89. 关于启动机运转无力故障的原因，甲说：启动机运转无力的原因可能是启动机轴承过松；乙说：启动机运转无力的原因可能是启动机轴承过紧。你认为以上观点(　　)。

A. 甲正确　　B. 乙正确　　C. 甲乙都正确　　D. 甲乙都不正确

90. 关于启动机运转无力故障的原因，甲说：启动机运转无力的原因可能是启动机电枢轴弯曲与磁极碰擦；乙说：启动机运转无力的原因可能是电枢绕组或磁场绕组短路。你认为以上观点(　　)。

A. 甲正确　　B. 乙正确　　C. 甲乙都正确　　D. 甲乙都不正确

91. 关于火花塞间歇性跳火故障的原因，甲说：火花塞间歇性跳火的原因是分电器盖漏电；乙说：火花塞间歇性跳火的原因是点火正时不对。你认为以上观点(　　)。

A. 甲正确　　B. 乙正确　　C. 甲乙都正确　　D. 甲乙都不正确

92. 关于火花塞间歇性跳火故障的原因，甲说：火花塞间歇性跳火的原因是个别缸高压线断路；乙说：火花塞间歇性跳火的原因是点火正时不对。你认为以上观点(　　)。

A. 甲正确　　B. 乙正确　　C. 甲乙都正确　　D. 甲乙都不正确

93. 关于火花塞间歇性跳火故障的原因，甲说：火花塞间歇性跳火的原因是个别缸高压线断路；乙说：火花塞间歇性跳火的原因是点火电压不足。你认为以上观点(　　)。

A. 甲正确　　B. 乙正确　　C. 甲乙都正确　　D. 甲乙都不正确

94. 关于高压无火故障，甲说：高压无火故障的原因可能是分电气盖中心碳极脱落；乙说：高压无火故障的原因可能是火花塞工作不良。你认为以上观点(　　)。

A. 甲正确　　B. 乙正确　　C. 甲乙都正确　　D. 甲乙都不正确

95. 关于高压无火故障，甲说：高压无火故障的原因可能是点火线圈次级线圈断路；乙说：高压无火故障的原因可能是点火线圈次级线圈短路。你认为以上观点(　　)。

A. 甲正确　　B. 乙正确　　C. 甲乙都正确　　D. 甲乙都不正确

96. 关于高压无火故障，甲说：高压无火故障的原因可能是分火头漏电；乙说：高压无火故障的原因可能是分电气盖漏电。你认为以上观点(　　)。

A. 甲正确　　B. 乙正确　　C. 甲乙都正确　　D. 甲乙都不正确

97. 关于低速断火故障,甲说:低速断火故障的原因可能是可燃混合气过浓;乙说:低速断火故障的原因可能是电容器工作不良。你认为以上观点(　　)。

A. 甲正确　　B. 乙正确　　C. 甲乙都正确　　D. 甲乙都不正确

98. 关于低速断火故障,甲说:低速断火故障的原因可能是火花塞间隙过大;乙说:低速断火故障的原因可能是电容器工作不良。你认为以上观点(　　)。

A. 甲正确　　B. 乙正确　　C. 甲乙都正确　　D. 甲乙都不正确

99. 关于低速断火故障,甲说:低速断火故障的原因可能是火花塞间隙过小;乙说:低速断火故障的原因可能是电容器工作不良。你认为以上观点(　　)。

A. 甲正确　　B. 乙正确　　C. 甲乙都正确　　D. 甲乙都不正确

100. 下列选项中(　　)可导致发电机异响。

A. 发电机轴承润滑不良　　B. 碳刷过短

C. 定子短路　　D. 转子短路

101. 关于发电机异响故障,甲说:发电机异响故障的原因可能是转子与定子之间碰擦;乙说:发电机异响故障的原因可能是发电机风扇或传动带盘与壳体碰撞。你认为以上观点(　　)。

A. 甲正确　　B. 乙正确　　C. 甲乙都正确　　D. 甲乙都不正确

102. 关于发电机异响故障,甲说:发电机异响故障的原因可能是传动带松紧度调整不当;乙说:发电机异响故障的原因可能是发电机轴承润滑不良。你认为以上观点(　　)。

A. 甲正确　　B. 乙正确　　C. 甲乙都正确　　D. 甲乙都不正确

103. 关于启动机不能与飞轮结合故障,甲说:故障的原因主要在启动机的控制部分;乙说:故障的原因主要在启动机的操纵部分。你认为以上观点(　　)。

A. 甲正确　　B. 乙正确　　C. 甲乙都正确　　D. 甲乙都不正确

104. 关于启动机不能与飞轮结合故障,甲说:故障的原因主要在启动机的控制部分;乙说:原因主要在主回路接触盘的行程过小。你认为以上观点(　　)。

A. 甲正确　　B. 乙正确　　C. 甲乙都正确　　D. 甲乙都不正确

105. 关于启动机不能与飞轮结合故障,甲说:原因主要在启动机的操纵部分;乙说:原因主要在主回路接触盘的行程过小。你认为以上观点(　　)。

A. 甲正确　　B. 乙正确　　C. 甲乙都正确　　D. 甲乙都不正确

106. 关于喇叭不响故障,甲说:喇叭不响故障的原因可能是喇叭按钮接触不良;乙说:喇叭不响故障的原因可能是导线断路。你认为以上观点(　　)。

A. 甲正确　　B. 乙正确　　C. 甲乙都正确　　D. 甲乙都不正确

107. 关于喇叭不响故障,甲说:喇叭不响故障的原因可能是继电器触点烧蚀;乙说:喇叭不响故障的原因可能是气隙过大。你认为以上观点(　　)。

A. 甲正确　　B. 乙正确　　C. 甲乙都正确　　D. 甲乙都不正确

108. 关于喇叭不响故障,甲说:喇叭不响故障的原因可能是喇叭线圈烧坏;乙说:喇叭不响故障的原因可能是喇叭电源线路短路。你认为以上观点(　　)。

A. 甲正确　　B. 乙正确　　C. 甲乙都正确　　D. 甲乙都不正确

109. 关于喇叭声响不正常故障,甲说:喇叭声响不正常故障的原因可能喇叭支架松动;乙说:喇叭声响不正常故障的原因可能是蓄电池存电不足。你认为以上观点(　　)。

A. 甲正确　　B. 乙正确　　C. 甲乙都正确　　D. 甲乙都不正确

110. 关于喇叭声响不正常故障，甲说：喇叭声响不正常故障的原因可能是喇叭线圈烧坏；乙说：喇叭声响不正常故障的原因可能是喇叭支架松动。你认为以上观点（　）。

A. 甲正确　　B. 乙正确　　C. 甲乙都正确　　D. 甲乙都不正确

111. 关于喇叭声响不正常故障，甲说：喇叭声响不正常故障的原因可能是喇叭线圈烧坏；乙说：喇叭声响不正常故障的原因可能是蓄电池存电不足。你认为以上观点（　）。

A. 甲正确　　B. 乙正确　　C. 甲乙都正确　　D. 甲乙都不正确

112. 关于喇叭触点经常烧坏故障，甲说：喇叭触点经常烧坏故障的原因可能是电容量过大；乙说：喇叭触点经常烧坏故障的原因可能是电容量过小。你认为以上观点（　）。

A. 甲正确　　B. 乙正确　　C. 甲乙都正确　　D. 甲乙都不正确

113. 关于喇叭触点经常烧坏故障，甲说：喇叭触点经常烧坏故障的原因可能是电容量过大；乙说：喇叭触点经常烧坏故障的原因可能是电容断路。你认为以上观点（　）。

A. 甲正确　　B. 乙正确　　C. 甲乙都正确　　D. 甲乙都不正确

114. 关于喇叭触点经常烧坏故障，甲说：喇叭触点经常烧坏故障的原因可能是电容断路；乙说：喇叭触点经常烧坏故障的原因可能是电容量过小。你认为以上观点（　）。

A. 甲正确　　B. 乙正确　　C. 甲乙都正确　　D. 甲乙都不正确

115. 关于喇叭长鸣故障，甲说：喇叭长鸣故障的原因可能是喇叭按钮回位弹簧过弱；乙说：喇叭长鸣故障的原因可能是喇叭按钮回位弹簧折断。你认为以上观点（　）。

A. 甲正确　　B. 乙正确　　C. 甲乙都正确　　D. 甲乙都不正确

116. 关于喇叭长鸣故障，甲说：喇叭长鸣故障的原因可能是喇叭继电器触点烧结；乙说：喇叭长鸣故障的原因可能是喇叭继电器短路。你认为以上观点（　）。

A. 甲正确　　B. 乙正确　　C. 甲乙都正确　　D. 甲乙都不正确

117. 关于喇叭长鸣故障，甲说：喇叭长鸣故障的原因可能是喇叭继电器触点烧结；乙说：喇叭长鸣故障的原因可能是喇叭继电器触点弹簧片弹力过弱。你认为以上观点（　）。

A. 甲正确　　B. 乙正确　　C. 甲乙都正确　　D. 甲乙都不正确

118. 关于空调压缩机不运转故障，甲说：空调压缩机不运转故障的原因可能是空调系统内无制冷剂；乙说：空调压缩机不运转故障的原因可能是电源线路断路。你认为以上观点（　）。

A. 甲正确　　B. 乙正确　　C. 甲乙都正确　　D. 甲乙都不正确

119. 关于空调压缩机不运转故障，甲说：空调压缩机不运转故障的原因可能是空调系统内无制冷剂；乙说：空调压缩机不运转故障的原因可能是传动皮带过松。你认为以上观点（　）。

A. 甲正确　　B. 乙正确　　C. 甲乙都正确　　D. 甲乙都不正确

120. 关于空调压缩机不运转故障，甲说：空调压缩机不运转故障的原因可能是空调熔断丝熔断；乙说：空调压缩机不运转故障的原因可能是电源线路断路。你认为以上观点（　）。

A. 甲正确　　B. 乙正确　　C. 甲乙都正确　　D. 甲乙都不正确

121. 关于空调压缩机不停转故障，甲说：空调压缩机不停转故障的原因可能是空调调节器故障；乙说：空调压缩机不停转故障的原因可能是空调开关故障。你认为以上观点（　）。

A. 甲正确　　B. 乙正确　　C. 甲乙都正确　　D. 甲乙都不正确

122. 关于空调压缩机不停转故障，甲说：空调压缩机不停转故障的原因可能是空调调节器故障;乙说:空调压缩机不停转故障的原因可能是蒸发器传感器故障。你认为以上观点(　　)。

A. 甲正确　　B. 乙正确　　C. 甲乙都正确　　D. 甲乙都不正确

123. 关于空调压缩机不停转故障,甲说:空调压缩机不停转故障的原因可能是空调控制线路短路故障;乙说:空调压缩机不停转故障的原因可能是空调开关故障。你认为以上观点(　　)。

A. 甲正确　　B. 乙正确　　C. 甲乙都正确　　D. 甲乙都不正确

124. 冷却水温升高到 95～105 ℃以上时,水温过高,报警灯报警开关的双金属片变形,触点(　　),报警灯(　　)。

A. 分开　不亮　　B. 分开　亮　　C. 闭合　不亮　　D. 闭合　亮

125. 冷却水温升高到(　　)以上时,水温过高,报警灯报警开关的双金属片变形,触点闭合,报警灯亮。

A. 25～35 ℃　　B. 45～55 ℃　　C. 65～75 ℃　　D. 95～105 ℃

126. 冷却水温正常时,水温过高报警灯报警开关的双金属片几乎不变形,触点(　　),报警灯(　　)。

A. 分开　不亮　　B. 分开　亮　　C. 闭合　不亮　　D. 闭合　亮

127. 当发动机机油压力正常时,机油压力过低,报警灯报警开关触点(　　),报警灯(　　)。

A. 分开　不亮　　B. 分开　亮　　C. 闭合　不亮　　D. 闭合　亮

128. 当机油压力低于(　　)以上时,机油压力过低,报警灯报警开关触点闭合,报警灯亮。

A. 0.03～0.15 MPa　B. 0.15～0.30 MPa　C. 0.30～0.45 MPa　D. 0.45～0.60 MPa

129. 当发动机机油压力低于某一值时,机油压力过低报警灯报警开关触点(　　),报警灯(　　)。

A. 分开　不亮　　B. 分开　亮　　C. 闭合　不亮　　D. 闭合　亮

130. 当汽车气压制动系统储气筒内的气压高于某一值时,气压不足,报警灯报警开关触点(　　),报警灯(　　)。

A. 分开　不亮　　B. 分开　亮　　C. 闭合　不亮　　D. 闭合　亮

131. 当汽车气压制动系统贮气筒内的气压高于(　　)以上时,气压不足报警灯报警开关触点分开,报警灯不亮。

A. 0.05 MPa　　B. 0.15 MPa　　C. 0.30 MPa　　D. 0.45 MPa

132. 当汽车气压制动系统储气筒内的气压低于某一值时,气压不足,报警灯报警开关触点(　　),报警灯(　　)。

A. 分开　不亮　　B. 分开　亮　　C. 闭合　不亮　　D. 闭合　亮

133. 当汽车油箱内燃油量少时,负温度系统的热敏电阻元件温度(　　),电阻值(　　)。

A. 低　大　　B. 低　小　　C. 高　大　　D. 高　小

134. 当汽车油箱内燃油量多时,负温度系统的热敏电阻元件温度(　　),电阻值(　　)。

A. 低　大　　B. 低　小　　C. 高　大　　D. 高　小

135. 当汽车油箱内燃油量少时,负温度系统的热敏电阻元件电阻值(　　),电流(　　)。

A. 大　大　　B. 小　大　　C. 大　小　　D. 小　小

136. 当蓄电池液面高度正常时,传感器铅棒上的电位为(　　)。

A. 2 V　　B. 4 V　　C. 6 V　　D. 8 V

137. 蓄电池液面过低报警灯开关的传感器通常安装在由正极桩算起第(　　)个单格内。

A. 1　　B. 2　　C. 3　　D. 4

138. 当蓄电池液面高度正常时，传感器的铅棒上的电位为(　　)，报警灯(　　)。

A. 8 V　亮　　B. 8 V　不亮　　C. 6 V　亮　　D. 6 V　亮

139. 真空荧光管的英文缩写是(　　)。

A. VCD　　B. VDD　　C. VED　　D. VFD

140. 发光二极管的英文缩写是(　　)。

A. LBD　　B. LCD　　C. LDD　　D. LED

141. 真空荧光管的阳极接至电源(　　)极，阴极与电源(　　)相接时，便获得了一定的电压，从而显示出所要看到的内容。

A. +　−　　B. −　+　　C. +　+　　D. −　−

142. 下列选项中(　　)导致所有电动车窗都不能升降。

A. 主开关故障　　B. 前乘客侧开关故障

C. 左后乘客侧开关故障　　D. 右后乘客侧开关故障

143. 下列选项中(　　)导致所有电动车窗都不能升降。

A. 熔断器故障　　B. 前乘客侧开关故障

C. 左后乘客侧开关故障　　D. 右后乘客侧开关故障

144. 下列选项中(　　)导致左后侧电动车窗不能升降。

A. 后视镜故障　　B. 前乘客侧开关故障

C. 左后乘客侧开关故障　　D. 右后乘客侧开关故障

145. 下列选项中(　　)不能导致所有电动座椅都不能动。

A. 熔断器故障　　B. 搭铁不良

C. 搭铁线断路　　D. 右后乘客侧开关故障

146. 下列选项中(　　)导致所有电动座椅都不能动。

A. 熔断器故障　　B. 驾驶员侧开关故障

C. 左后乘客侧开关故障　　D. 右后乘客侧开关故障

147. 下列选项中(　　)导致驾驶员电动座椅不能动。

A. 熔断器故障　　B. 主控开关搭铁不良

C. 主控开关搭铁线断路　　D. 驾驶员侧开关故障

148. 下列选项中(　　)不会导致所有电动后视镜都不能动。

A. 熔断器故障　　B. 开关故障

C. 搭铁不良　　D. 左侧后视镜电动机故障

149. 下列选项中(　　)导致所有电动后视镜都不能动。

A. 熔断器故障　　B. 左侧电动机电路断路

C. 右侧后视镜电动机故障　　D. 左侧后视镜电动机故障

150. 下列选项中(　　)只能导致右侧电动后视镜不能动。

A. 熔断器无故障　　B. 右侧电动机电路断路

C. 左后乘客开关故障　　D. 左侧后视镜电动机故障

151. 下列选项中(　　)导致所有车门锁都不能工作。

A. 熔断器故障　　B. 左侧电动车门锁电路断路

C. 右侧电动车门锁故障　　D. 左侧后电动车门锁故障

152. 下列选项中(　　)不能导致所有电动车门锁都不工作。

A. 熔断器故障　　B. 开关故障

C. 搭铁不良　　D. 左侧车门锁开关故障

153. 下列选项中(　　)导致所有车门锁都不能工作。

A. 电源导线断路　　B. 左侧电动车门锁电路断路

C. 右侧电动车门锁故障　　D. 左侧后电动车门锁故障

154. 下列选项中(　　)不能导致驾驶员侧电动车门锁不能开启。

A. 熔断器故障　B. 开关故障　C. 搭铁不良　D. 点火开关故障

155. 下列选项中(　　)不能导致驾驶员侧电动车门锁不能开启。

A. 熔断器故障　B. 开关故障　C. 遥控器故障　D. 点火开关故障

156. 下列选项中(　　)能导致驾驶员侧电动车门锁不能开启。

A. 车门锁拉杆卡住　B. 车窗天线故障　C. 遥控器故障　D. 搭铁线故障

157. 下列选项中(　　)不能导致驾驶员侧电动车门锁不能锁定。

A. 熔断器故障　B. 开关故障　C. 遥控器故障　D. 点火开关故障

158. 下列选项中(　　)不能导致驾驶员侧电动车门锁不能锁定。

A. 熔断器故障　B. 开关故障　C. 搭铁不良　D. 点火开关故障

159. 下列选项中(　　)能导致驾驶员侧电动车门锁不能锁定。

A. 车门锁拉杆卡住　B. 车窗天线故障　C. 遥控器故障　D. 搭铁线故障

160. 下列选项中(　　)不能导致左后侧电动车门锁不能锁定。

A. 熔断器故障　B. 开关故障　C. 搭铁不良　D. 点火开关故障

161. 下列选项中(　　)能导致左后侧电动车门锁不能锁定。

A. 车门锁拉杆卡住　B. 车窗天线故障　C. 遥控器故障　D. 搭铁线故障

162. 下列选项中(　　)不能导致左后侧电动车门锁不能锁定。

A. 熔断器故障　B. 开关故障　C. 遥控器故障　D. 点火开关故障

163. 下列选项中(　　)能导致前排乘客侧电动车门锁不能锁定。

A. 车门锁拉杆卡住　B. 车窗天线故障　C. 遥控器故障　D. 搭铁线故障

164. 下列选项中(　　)不能导致前排乘客侧电动车门锁不能锁定。

A. 熔断器故障　B. 开关故障　C. 搭铁不良　D. 点火开关故障

165. 下列选项中(　　)能导致前排乘客侧电动车门锁不能锁定。

A. 车门锁拉杆卡住　B. 车窗天线故障　C. 遥控器故障　D. 开关故障

166. 下列选项中(　　)导致不能用驾驶员侧车门锁按钮锁定两扇车门。

A. 熔断器故障　　B. 驾驶员侧开关故障

C. 乘客侧开关故障　　D. 点火开关故障

167. 下列选项中(　　)导致不能用驾驶员侧车门锁按钮锁定一扇车门。

A. 熔断器故障　　B. 驾驶员侧开关故障

C. 导线断路　　D. 车门锁启动器故障

168. 下列选项中(　　)导致不能用驾驶员侧车门锁按钮锁定两扇车门。

A. 熔断器故障　　B. 驾驶员侧开关故障

C. 乘客侧开关故障　　D. 导线断路故障

169. 下列选项中(　　)导致不能用驾驶员侧车门锁按钮开启一扇车门。
A. 熔断器故障　　B. 驾驶员侧开关故障
C. 导线断路　　D. 车门锁启动器故障

170. 下列选项中(　　)导致不能用驾驶员侧车门锁按钮开启两扇车门。
A. 熔断器故障　　B. 驾驶员侧开关故障
C. 乘客侧开关故障　　D. 点火开关故障

171. 下列选项中(　　)导致不能用驾驶员侧车门锁按钮开启两扇车门。
A. 熔断器故障　　B. 驾驶员侧开关故障
C. 乘客侧开关故障　　D. 搭铁不良

172. 下列选项中(　　)用于测试发电机端电压。
A. 万用表　　B. 气压表　　C. 真空表　　D. 油压表

173. 下列选项中(　　)用于测试导线断路。
A. 万用表　　B. 气压表　　C. 真空表　　D. 油压表

174. 下列选项中(　　)用于测试蓄电池端电压。
A. 万用表　　B. 气压表　　C. 真空表　　D. 油压表

二、判断题(对的画"√",错的画"×")

(　　)1. 进行汽车二级维护前,检查发动机的转速为 1 200 r/min 时,点火提前角应为 13° ± 1°。
(　　)2. 进行汽车二级维护前,检查分电器的触点闭合角应为 36°～42°。
(　　)3. 进行汽车二级维护前,检查发动机的转速为 800 r/min 时,点火电压应为 8～10 V。
(　　)4. 为保证车辆顺利启动,启动电流稳定值应该为 100～150 A。
(　　)5. 制冷系统如果制冷剂泄漏速度很慢,对冷冻机油泄漏影响不大。
(　　)6. 当电解液相对密度低于标准值时,应补加相对密度稍高的电解液并充电调整。
(　　)7. 一般技术状况良好的蓄电池,单格电压应在 1.5 V 以上,并在 5 s 内保持稳定。
(　　)8. 磁感应式点火系统点火信号传感器转子与定子爪极间隙应为 0.4 mm。
(　　)9. 初充电第一阶段的充电电流为额定容量的 1/15。
(　　)10. 点火模块用于控制点火线圈的次级绕组。
(　　)11. 更换发动机转速传感器前应拆下蓄电池。
(　　)12. 每次接通汽车启动机时间不得超过 5 s。
(　　)13. 对启动机换向器表面进行修复时,最小直径应不大于 29.0 mm。
(　　)14. 东风 EQ1090 型汽车启动机空转试验时,转速不低于 5 000 r/min,电流不大于 90 A,电压为 12 V。
(　　)15. 交流发电机的电磁不需他励。
(　　)16. 硅整流发电机利用硅二极管整流。
(　　)17. 验收发电机时应做空转试验、无负载试验。
(　　)18. HCFC 类制冷剂包括 R22、R123、R133 等。
(　　)19. 在蒙特利尔协议书中,CFC12 被列为首批禁用物质。
(　　)20. 汽车制冷系统是否正常工作与空调操纵面板上的 A/C 开关无关。
(　　)21. 一般维修时,压缩机总成是要解体的。

（　　）22. 装复冷凝器时要注意出口和入口切勿接错，并且要加注一定量的冷冻机油。
（　　）23. 装复蒸发器时，注意入口和出口切勿接错，温控元件或感温包要牢固地装在合适的位置。
（　　）24. 膨胀阀开度过小，一般高、低压侧压力均高，外表有结霜、结冰现象。
（　　）25. 汽车空调压力开关也称压力继电器。
（　　）26. 不同型号的发电机应配用相同量程的电流表。
（　　）27. 电压表用来指示发电机和蓄电池的端电压。
（　　）28. 在安装燃油表传感器时，与油箱搭铁必须良好。
（　　）29. 磁感应式车速里程表的结构中没有电路连接。
（　　）30. 发电机内部定子或转子线圈某处有断路或短路导致充电电流不稳。
（　　）31. 电枢绕组或磁场绕组短路导致启动机运转无力。
（　　）32. 火花塞间歇性跳火的原因是点火顺序不对。
（　　）33. 高压无火故障的原因可能是分电气盖中心碳极脱落。
（　　）34. 低速断火故障的原因可能是电容器工作不良。
（　　）35. 发电机异响故障的原因可能是转子与定子之间碰擦。
（　　）36. 发电机异响故障的原因与启动机的操纵和控制部分无关。
（　　）37. 喇叭不响故障的原因可能是喇叭按钮接触不良。
（　　）38. 喇叭声响不正常故障的原因可能是喇叭支架松动。
（　　）39. 喇叭触点经常烧坏故障的原因不可能是喇叭线圈匝间短路。
（　　）40. 喇叭继电器“喇叭”和“电池”接柱被导体连通喇叭会导致喇叭长鸣故障。
（　　）41. 电磁离合器皮带盘与压力板接合面磨损严重而打滑会导致空调压缩机不运转故障。
（　　）42. 蒸发器传感器故障不会导致空调压缩机不运转故障。
（　　）43. 冷却水温正常时，水温过高报警灯报警开关的双金属片几乎不变形，触点闭合，报警灯不亮。
（　　）44. 当发动机机油压力正常时，机油压力过低报警灯报警开关触点闭合，报警灯不亮。
（　　）45. 装备气压制动系统的汽车气压不足报警灯报警开关安装在储气筒上。
（　　）46. 当汽车油箱内燃油量多时，负温度系统的热敏电阻元件温度低，电阻值大。
（　　）47. 蓄电池液面过低报警灯开关的传感器通常安装在由正极桩算起第 3 个单格内。
（　　）48. 真空荧光管的英文缩写是 LED。
（　　）49. 右后乘客侧开关故障导致右后侧电动车窗都能升降。
（　　）50. 右后乘客侧开关故障导致驾驶员电动座椅不能动。
（　　）51. 电动门锁电源电压过低可导致电动门锁不工作。
（　　）52. 驾驶员侧门锁开关导线断路导致驾驶员侧电动门锁不能工作。
（　　）53. 驾驶员侧门锁开关导线断路导致驾驶员侧电动门锁不能锁定。
（　　）54. 驾驶员侧门锁开关导线断路导致左后侧电动门锁不能锁定。
（　　）55. 前排乘客侧门锁开关导线断路导致前排乘客侧电动门锁不能锁定。
（　　）56. 点火开关故障导致不能用驾驶员侧车门锁按钮锁定两扇车门。
（　　）57. 点火开关故障导致不能用驾驶员侧车门锁按钮开启两扇车门。
（　　）58. 可以用万用表电流挡测试导线的导通性。

参考答案

一、单项选择题

1. D	2. D	3. C	4. A	5. B	6. D	7. D	8. D	9. C	10. D
11. C	12. C	13. B	14. C	15. B	16. C	17. A	18. C	19. C	20. C
21. A	22. C	23. B	24. A	25. D	26. A	27. B	28. D	29. D	30. B
31. B	32. A	33. B	34. C	35. C	36. B	37. A	38. B	39. B	40. A
41. A	42. B	43. A	44. C	45. B	46. C	47. C	48. C	49. A	50. C
51. C	52. C	53. A	54. D	55. C	56. C	57. B	58. A	59. A	60. C
61. C	62. C	63. C	64. A	65. C	66. C	67. C	68. C	69. C	70. D
71. B	72. B	73. C	74. C	75. C	76. C	77. C	78. A	79. C	80. A
81. C	82. B	83. C	84. B	85. C	86. C	87. C	88. C	89. C	90. C
91. A	92. A	93. C	94. C	95. C	96. C	97. C	98. C	99. C	100. A
101. C	102. C	103. C	104. C	105. C	106. C	107. A	108. C	109. C	110. B
111. B	112. C	113. C	114. C	115. C	116. C	117. C	118. C	119. C	120. C
121. C	122. C	123. C	124. D	125. D	126. A	127. A	128. A	129. D	130. A
131. D	132. D	133. D	134. A	135. B	136. D	137. C	138. B	139. D	140. D
141. A	142. A	143. A	144. C	145. D	146. A	147. D	148. D	149. A	150. B
151. A	152. D	153. A	154. D	155. D	156. D	157. D	158. D	159. D	160. D
161. D	162. D	163. D	164. D	165. D	166. D	167. D	168. D	169. D	170. D
171. D	172. A	173. A	174. A						

二、判断题

1. √	2. √	3. √	4. √	5. √	6. √	7. √	8. √	9. √	10. ×
11. ×	12. √	13. ×	14. √	15. ×	16. √	17. √	18. √	19. √	20. ×
21. ×	22. √	23. √	24. ×	25. √	26. ×	27. √	28. √	29. √	30. √
31. √	32. √	33. √	34. √	35. √	36. ×	37. √	38. √	39. ×	40. √
41. √	42. ×	43. ×	44. ×	45. √	46. √	47. √	48. ×	49. ×	50. √
51. ×	52. √	53. √	54. √	55. √	56. √	57. √	58. ×		

第四章　模拟试卷

职业技能鉴定国家题库
汽车修理工(中级)理论知识试卷

注意事项

1. 本试卷依据2005年颁布的《汽车修理工国家职业标准》命制，考试时间120 min。
2. 请在试卷标封处填写姓名、准考证号和所在单位的名称。
3. 请仔细阅读答题要求，在规定位置填写答案。

	一	二	总　分
得　分			

得　分	
评分人	

一、单项选择题(第1～160题，每题0.5分，共80分)

1. 道德是(　　)。
   A. 人和市场都具有的行为规范
   B. 是规定人们权利和义务的行为规范
   C. 是一定社会阶级向人们提出的处理人与人、人与社会、人与自然之间关系的行为规范
   D. 是随阶级、国家的消亡而消亡的特殊行为规范
2. 下列选项对职业道德具体性理解正确的是(　　)。
   A. 反映了较强的专业特点
   B. 不能用以规范约束其他行业人员的职业行为
   C. 对其他行业人员有较强的约束性
   D. 反映了职业道德观念代代相传的特点
3. 企业文化的功能不包括(　　)。
   A. 激励功能　　B. 导向功能　　C. 整合功能　　D. 娱乐功能
4. 职业道德对企业起到(　　)的作用。
   A. 增强员工独立意识　　B. 磨合企业上级与员工关系
   C. 使员工规规矩矩做事情　　D. 增强企业凝聚力
5. 职业道德是人事业成功的(　　)。

A. 重要保证　　B. 最终结果　　C. 决定条件　　D. 显著标志

6. 爱岗敬业作为职业道德的重要内容，是指员工(　　)。

A. 热爱自己喜欢的岗位　　B. 热爱有钱的岗位

C. 强化职业责任　　D. 不应多转行

7. 对《劳动法》规定理解正确的是(　　)。

A. 享有所有权力　　B. 只享有平等就业的权力

C. 享有一定的权力，又要履行一定的义务　　D. 不享有社会保险和福利的权力

8. 订立劳动合同要经过要约和(　　)两个阶段。

A. 执行　　B. 放弃　　C. 讨论　　D. 承诺

9. 对社会保险理解正确的是(　　)。

A. 等同于社会救济　　B. 等同于职工工资

C. 包括养老保险和失业保险　　D. 等同于商业投资

10. 合同的订立、变更和终止是合同双方当事人为追求特定(　　)关系的法定状态而实施法律行为的结果。

A. 平等　　B. 合作　　C. 对立　　D. 债权债务

11. 游标卡尺是一种能直接测量工件(　　)的中等精度量具。

A. 长度、宽度、角度、直径　　B. 长度、宽度、粗糙度、直径

C. 长度、宽度、深度、直径　　D. 宽度、深度、角度、直径

12. 用内径百分表测量气缸磨损量时，应使内径百分表的测量杆与气缸轴线(　　)。

A. 垂直　　B. 平行　　C. 倾斜　　D. 成 45° 角

13. 下列选项中(　　)是指金属材料是否容易被切削工具进行加工的性能。

A. 可焊性　　B. 延展性　　C. 切削性　　D. 渗透性

14. 黑色金属包括(　　)。

A. 铜和铜合金　　B. 铝和铝合金　　C. 轴承合金　　D. 合金钢

15. 下列线型中用作可见轮廓线的是(　　)。

A. 细实线　　B. 粗实线　　C. 双点画线　　D. 虚线

16. 图样中的尺寸以(　　)为单位。

A. 毫米　　B. 分米　　C. 厘米　　D. 英寸

17. 导体电阻的大小与(　　)无关。

A. 导体的长度　　B. 导体的横截面积　　C. 导体的材料　　D. 导体两端电压

18. 由电阻器 R_1、R_2 组成的并联电路具有(　　)的特点。

A. $U_1 = U_2$　　B. $R_1 + R_2 = R$　　C. $U = U_1 + U_2$　　D. $I_1 = I_2$

19. 在液压传动过程中，换向阀的“位”是根据(　　)来划分的。

A. 对外接通的油口数　　B. 阀芯的控制方式

C. 阀芯的运动形式　　D. 阀芯在阀体内的工作位置

20. 液压传动可实现(　　)。

A. 精确的定比传动　　B. 无级调速　　C. 远距离传送　　D. 高效率传动

21. 柱式举升器多为(　　)。

A. 气动式举升器　　B. 电动式举升器

C. 电动液压式举升器　　D. 移动式举升器

22. 轮毂轴承螺栓、螺母的拆装适宜选用(　　)。
A. 内六角扳手　　B. 方扳手　　C. 钩型扳手　　D. 专用套筒扳手
23. 小型客车的座位数不超过(　　)座。
A. 9　　B. 5　　C. 16　　D. 20
24. 轿车类别代号是(　　)。
A. 4　　B. 5　　C. 6　　D. 7
25. 对于活塞往复式四冲程发动机，完成一个工作循环曲轴转动(　　)圈。
A. 1/2　　B. 1　　C. 2　　D. 4
26. 排气消声器属于(　　)。
A. 点火系　　B. 冷却系　　C. 启动系　　D. 供给系
27. 活塞行程 S 与曲柄半径 R 的关系是(　　)。
A. $S = R/2$　　B. $S = R$　　C. $S = 2R$　　D. $S = 4R$
28. 对于四冲程汽油机，曲轴带动活塞由上止点向下止点移动的工作循环是(　　)。
A. 进气行程　　B. 压缩行程　　C. 做功行程　　D. 排气行程
29. 越野车传动系一般采用(　　)。
A. 发动机前置后轮驱动　　B. 发动机前置前轮驱动
C. 发动机后置后轮驱动　　D. 四轮驱动
30. 汽车传动系最终将发动机输出的动力传递给了(　　)。
A. 离合器　　B. 变速器　　C. 差速器　　D. 驱动轮
31. 离合器的功用不包括(　　)。
A. 保证汽车平稳起步　　B. 便于变速器顺利换挡
C. 防止传动系过载　　D. 承担整车的大部分载重
32. 汽车上所使用的离合器的主动部分与发动机的(　　)相连。
A. 曲轴　　B. 飞轮　　C. 压盘　　D. 拉杆
33. 蓄电池的负极板为(　　)。
A. 海绵状铅　　B. 二氧化铅　　C. 深棕色　　D. 红色
34. 汽车中除了蓄电池外另一个重要电源是(　　)。
A. 电动机　　B. 启动机　　C. 点火线圈　　D. 交流发电机
35. 翼板式空气流量传感器一般安装在(　　)上，位于空气滤清器和节气门之间。
A. 电动机　　B. 发电机　　C. 启动机　　D. 汽油机
36. 车用压力传感器主要是指(　　)压力传感器。
A. 排气管　　B. 进气歧管　　C. 空气　　D. 燃油
37. 有关车底安全操作不正确的是(　　)。
A. 不要直接躺在地上　　B. 不准对发动机进行启动检查
C. 不准拉紧驻车制动器　　D. 不准用手试探螺孔
38. 正确使用砂轮机的是(　　)。
A. 启动后即可进行磨屑　　B. 砂轮的搁架要贴紧砂轮
C. 操作者尽量不要站在砂轮对面　　D. 砂轮机的旋向应使磨屑向上方飞离砂轮
39. 下列选项中(　　)或服务质量是企业生产经营活动的结果。
A. 劳动　　B. 工作　　C. 产品　　D. 商品

40. 下列选项中(　　)是汽车维修企业的生命线。

A. 维修计划　　B. 维修方法　　C. 维修质量　　D. 维修管理

41. 对于 EQ1092F 型汽车，发动机转速为 800 r/min、气门间隙为 0.25 mm 时，进气门滞后角为(　　)。

A. 26°　　B. 36°　　C. 46°　　D. 56°

42. 对于 EQ1092F 型汽车，发动机功率应不小于(　　)的 80%。

A. 规定值　　B. 最大值　　C. 最小值　　D. 额定值

43. 对于 EQ1092F 型汽车，发动机处于怠速运转转速为 500～600 r/min 时，真空度波动值应不大于(　　)。

A. 5 kPa　　B. 10 kPa　　C. 15 kPa　　D. 20 kPa

44. 对于 EQ1092F 型汽车，发动机处于中速时，机油压力应不小于(　　)。

A. 0.1 MPa　　B. 0.2 MPa　　C. 0.3 MPa　　D. 0.4 MPa

45. 下列选项中(　　)用于测量发动机无负荷功率及转速。

A. 汽车无负荷测功表　　B. 气缸压力表

C. 发动机转速表　　D. 发动机分析仪

46. GB/T8028—94《汽油机机油换油指标》规定：L-EQC 油铁含量大于(　　)。

A. 250 mg/kg　　B. 300 mg/kg　　C. 350 mg/kg　　D. 400 mg/kg

47. 下列选项中(　　)由维修企业进行，以清洁、紧固、润滑为中心内容。

A. 日常维护　　B. 一级维护　　C. 二级维护　　D. 三级维护

48. 汽车(　　)的行驶里程为 10 000～15 000 km。

A. 日常维护　　B. 一级维护　　C. 二级维护　　D. 三级维护

49. 连杆轴承应与轴承座及轴承盖密合，凸点完好，轴瓦两端的挤压高度值不小于(　　)。

A. 0.01 mm　　B. 0.03 mm　　C. 0.05 mm　　D. 0.07 mm

50. 一般要求活塞环外围工作面在开口处(　　)范围内不许漏光。

A. 15°　　B. 30°　　C. 45°　　D. 60°

51. 符号⊥代表(　　)。

A. 平行度　　B. 垂直度　　C. 倾斜度　　D. 位置度

52. 当气缸拉缸后，确定了某级修理尺寸，以下相应的零件可不报废的是(　　)。

A. 活塞　　B. 连杆　　C. 活塞销　　D. 活塞环

53. 汽车离合器压盘及飞轮表面烧蚀的主要原因是离合器(　　)。

A. 打滑　　B. 分离不彻底　　C. 动平衡破坏　　D. 踏板自由行程过大

54. 发动机气缸沿轴线方向磨损呈(　　)的特点。

A. 上大下小　　B. 上小下大　　C. 上下相同　　D. 中间大

55. 以下属于气缸盖腐蚀的主要原因的是(　　)。

A. 冷却液加注过多　　B. 使用了不符合要求的冷却液

C. 汽车工作条件恶劣　　D. 汽车长时间超时间超负荷工作

56. 以下属于气缸体腐蚀的主要原因的是(　　)。

A. 冷却液加注过多　　B. 使用了不符合要求的冷却液

C. 汽车工作条件恶劣　　D. 汽车长时间超时间超负荷工作

57. 汽车基础件产生变形的主要原因是受到(　　)应力作用。

A. 内　　B. 外　　C. 内、外　　D. 其他

58. 以下属于曲轴变形的主要原因的是(　　)。

A. 机油压力过高　　B. 按规定力矩拧紧螺栓力矩

C. 未按规定力矩拧紧螺栓　　D. 曲轴轴承磨损

59. 以下属于凸轮轴变形的主要原因的是(　　)。

A. 机油压力过高　　B. 按规定力矩拧紧螺栓力矩

C. 未按规定力矩拧紧螺栓　　D. 凸轮轴轴承磨损

60. 桑塔纳 2000 型轿车的缸盖平面翘不大于(　　)。

A. 0.10 mm　　B. 0.15 mm　　C. 0.20 mm　　D. 0.05 mm

61. 发动机气缸体裂纹和破损检测最常用的方法是(　　)。

A. 磁力探伤　　B. 荧光探伤　　C. 敲击　　D. 水压试验

62. 发动机曲轴各轴颈的圆度和圆柱度误差一般用(　　)来测量。

A. 游标卡尺　　B. 百分表　　C. 外径分厘卡　　D. 内径分厘卡

63. 用(　　)检测发动机凸轮轴凸轮的轮廓变化,来判断凸轮的磨损情况。

A. 游标卡尺　　B. 百分表　　C. 外径分厘卡　　D. 标准样板

64. 根据《汽车发动机缸体与气缸盖修理技术条件》(GB 3801—83)的技术要求,燃烧室容积不小于原设计(　　)值的 95%。

A. 最小尺寸　　B. 最小极限　　C. 最大尺寸　　D. 最大极限

65. 根据《汽车发动机曲轴技术条件》(GB 3802—83)的技术要求,补偿修复主轴轴颈时不可采用(　　)方法。

A. 金属丝喷涂　　B. 气焊　　C. 镀铬　　D. 镀铁

66. 气门高度用(　　)测量。

A. 外径千分尺　　B. 内径千分尺　　C. 直尺　　D. 刀尺

67. 发动机气门座圈与座圈孔应为(　　)。

A. 过渡配合　　B. 过盈配合　　C. 间隙配合　　D. 以上三者均可

68. 下列选项中(　　)用于将燃油喷入到进气道中。

A. 油泵　　B. 喷油器　　C. 油压调节器　　D. 油压缓冲器

69. 对于安装在进气歧管上的喷油器在(　　)喷油。

A. 进气行程　　B. 压缩行程　　C. 做功行程　　D. 排气行程

70. 如空气流量计失效不会引起(　　)。

A. 不易启动　　B. 加速不良　　C. 怠速不稳　　D. 飞车

71. 如水温传感器失效,会导致(　　)。

A. 不易启动　　B. 怠速不稳　　C. 进气温度过高　　D. 进气温度过低

72. 如节气门位置传感器失效会引起(　　)。

A. 不易启动　　B. 怠速不稳　　C. 进气量过大　　D. 进气量过小

73. 进行燃油压力检测时,燃油压力表指示应在(　　)之间。

A. 0.28～0.30 MPa　　B. 0.50～0.52 MPa　　C. 0.88～0.90 MPa　　D. 0.98～1.00 MPa

74. 低阻抗喷油器的电阻值为(　　)。

A. 2～3 Ω　　B. 5～10 Ω　　C. 12～15 Ω　　D. 50～100 Ω

75. 开关式怠速控制阀控制线路断路会导致(　　)。

A. 不能启动 B. 怠速过高 C. 怠速不稳 D. 减速不良

76. 热线式空气流量计的输出信号是( )。

A. 脉冲信号 B. 数字信号 C. 模拟信号 D. 固定信号

77. 冷却液温度传感器的输出信号是( )。

A. 脉冲信号 B. 数字信号 C. 模拟信号 D. 固定信号

78. 蜡式节温器安装在( )里。

A. 水道 B. 进气管 C. 排气管 D. 燃油道

79. 当气流温度超过( )时，风扇离合器处于啮合状态。

A. 25 ℃ B. 45 ℃ C. 65 ℃ D. 85 ℃

80. 水泵的动力源自( )。

A. 曲轴 B. 凸轮轴 C. 平衡轴 D. 传动轴

81. 发动机启动困难，大多发生在( )。

A. 启动系 B. 点火系 C. 燃料系 D. 以上三者都有可能

82. 汽油发动机不能启动，检查电路，打开开关，电流表指示 3～5 A 而不做间歇摆动，则可能( )。

A. 分电器各接头接触不实 B. 高压电路故障

C. 高压导线故障 D. 点火线圈断路

83. 发动机相邻两高压分线插错，将会造成( )。

A. 动力不足 B. 启动困难 C. 不能启动 D. 运转不稳

84. 以下不是发动机回火的原因的是( )。

A. 汽油滤清器堵塞或汽油中有水，或发生气阻

B. 汽油泵滤网过脏或滤杯漏气

C. 汽油泵进、出油阀贴合不严

D. 汽油泵泵油量过大

85. 关于爆震的原因，甲说：空燃比不正确；乙说：发动机温度过高。对于以上说法( )。

A. 甲正确 B. 乙正确 C. 甲乙都正确 D. 甲乙都不正确

86. 关于发动机功率不足的原因，甲说：点火正时不正确；乙说：高压火弱。对于以上说法( )。

A. 甲正确 B. 乙正确 C. 甲乙都正确 D. 甲乙都不正确

87. 下列选项中( )不是连杆轴承异响的特征。

A. 温度升高，声音变化不大 B. 随发动机转速增加，声音加大

C. 尖脆的嗒嗒声 D. 发出较大清脆的当当金属敲击声

88. 下列选项中( )是活塞销松旷造成异响的特征。

A. 单缸断(油)时，声音减弱或消失，恢复工作时，声音明显或连续两声响声

B. 温度升高，声音减弱或消失

C. 较沉闷连续的当当金属敲击声

D. 随发动机转速增加，声音加大

89. 下列选项中( )是正时齿轮异响的特征。

A. 发动机转速升高，声音随之变小 B. 声音与发动机温度有关

C. 发动机转速升高，声音随之加大 D. 清脆的嗒嗒声

90. 关于发动机温度过高的主要原因,甲认为:就是点火提前角过大或过小造成的;乙认为:可能是风扇V带松紧度过松造成的;丙认为:可能是节温器损坏造成的。说法正确的是(　　)。

A. 甲和丙　　B. 乙和丙　　C. 甲和乙　　D. 均是

91. 关于发动机缺火。甲说:发动机点火线圈失效可导致发动机缺火;乙说:发动机点火器损坏可导致发动机缺火。二人中正确的是(　　)。

A. 甲　　B. 乙　　C. 二者都正确　　D. 二者都不正确

92. 电控发动机燃油喷射系统中的怠速旁通阀是(　　)系统组成部分。

A. 供气　　B. 供油　　C. 控制　　D. 空调

93. 用来检测进气压力的传感器是(　　)传感器。

A. 进气温度　　B. 进气压力　　C. 曲轴位置　　D. 进气温度

94. 与传统化油器发动机相比,装有电控燃油喷射系统的发动机功率可提高(　　)。

A. 5%～10%　　B. 10%～15%　　C. 15%～20%　　D. 20%～25%

95. 电控点火装置(ESA)的控制主要包括点火提前角,通电时间及(　　)控制等方面。

A. 燃油停供　　B. 废气再循环　　C. 爆震防止　　D. 点火高压

96. 1995年7月10日后生产的在用轻型汽油车(四冲程)的HC排放应小于(　　)。

A. 600 ppm　　B. 700 ppm　　C. 900 ppm　　D. 1200 ppm

97. 检测汽油车废气时,应清除取样探头上残留的(　　),以保证检测的准确性。

A. CO　　B. HC　　C. CO和HC　　D. NO

98. 对电控燃油喷射发动机电控系统进行检修时,应先将点火开关(　　),并将蓄电池搭铁线拆下。

A. 打开　　B. 关闭　　C. 打开或关闭　　D. 关闭再打开

99. 电控汽油喷射发动机怠速不稳是指发动机在怠速运转时(　　)。

A. 转速过高　　B. 转速过低　　C. 忽高忽低　　D. 突然熄火

100. 电控发动机可用(　　)检查油压调节器是否有故障。

A. 模拟式万用表　　B. 万用表　　C. 油压表　　D. 油压表或万用表

101. EQ1092F车的前轮外倾角为(　　),主销内倾角为6°。

A. 1°　　B. 2°　　C. 3°　　D. 4°

102. EQ1092F车的转向盘(　　)转动量应为15°～30°。

A. 最小　　B. 自由　　C. 最大　　D. 极限

103. 二级维护前检测桑塔纳LX型轿车,轮胎气压应符合规定:前轮(　　),后轮190 kPa;车轮动不平衡量为零。

A. 180 kPa　　B. 200 kPa　　C. 300 kPa　　D. 400 kPa

104. 行车制动在产生最大制动作用时的踏板力,对于座位数小于或等于(　　)的载客汽车应不大于500 N。

A. 5　　B. 6　　C. 9　　D. 11

105. 用手施加于驻车制动装置操纵装置上的力,对于座位数大于9的载客汽车应不大于(　　)。

A. 100 N　　B. 200 N　　C. 400 N　　D. 600 N

106. 液压行车制动系在达到规定的制动效能时,制动器装有自动调整间隙装置的车辆的踏板行程不得超过踏板全行程的(　　)。

A. 1/4　　B. 1/2　　C. 3/4　　D. 4/5

107. 采用气压制动的机动车当气压升至 600 kPa 且不使用制动的情况下，停止空气压缩机(　　)后，其气压的降低值应不大于 10 kPa。

A. 1 min　　B. 3 min　　C. 5 min　　D. 7 min

108. 乘用车在 50 km/h 的初速度下采用行车制动系统制动时，空载检验时制动距离要求小于等于(　　)。

A. 9 m　　B. 19 m　　C. 29 m　　D. 39 m

109. 货车在 30 km/h 的初速度下采用应急制动系统制动时，制动距离要求小于等于(　　)。

A. 10 m　　B. 20 m　　C. 30 m　　D. 40 m

110. 在空载状态下，驻车制动装置应能保证机动车在坡度为(　　)、轮胎与路面间的附着系数不小于 0.7 的坡道上正、反两个方向保持固定不动，其时间不应少于 5 min。

A. 10%　　B. 20%　　C. 30%　　D. 40%

111. 膜片弹簧离合器的膜片弹簧可兼起(　　)的作用。

A. 压紧机构　　B. 分离机构　　C. 分离杠杆　　D. 分离套

112. 以下不属于离合器摩擦片异响原因的是(　　)。

A. 摩擦片硬化　　B. 从动盘毂歪斜　　C. 摩擦片铆钉露出　　D. 从动盘表面平整

113. 离合器踏板的(　　)，是分离轴承与分离杠杆之间等处间隙的体现。

A. 全部行程　　B. 自由行程　　C. 最大行程　　D. 最小行程

114. 制动蹄与制动鼓之间的间隙过小，应调整(　　)。

A. 制动踏板高度　　B. 制动气室压力

C. 储气筒压力　　D. 制动底板上的偏心支承

115. 离合器踏板自由行程过大，会造成离合器(　　)。

A. 打滑　　B. 分离不彻底　　C. 起步发抖　　D. 半接合状态

116. 变速器通过不同的传动比啮合副改变(换挡)达到变换转速得到不同的(　　)，保证汽车克服不同的道路阻力。

A. 扭矩　　B. 力矩　　C. 转速　　D. 传动比

117. 用百分表测量变速器输入轴的径向跳动量要求不大于(　　)，使用极限为 0.06 mm。

A. 0.020 mm　　B. 0.025 mm　　C. 0.030 mm　　D. 0.035 mm

118. 变速器常啮合齿轮齿厚磨损不得超过(　　)。

A. 0.20 mm　　B. 0.25 mm　　C. 0.30 mm　　D. 0.35 mm

119. 下列选项中(　　)的作用是将两个不同步的齿轮连接起来使之同步。

A. 同步器　　B. 差速器　　C. 离合器　　D. 制动器

120. 根据《汽车变速器修理技术条件》(GB 5372—85)技术要求，变速器壳上各承孔轴线的平行度公差允许比原设计规定增加(　　)。

A. 0.01 mm　　B. 0.02 mm　　C. 0.03 mm　　D. 0.04 mm

121. 下列选项中(　　)为自动变速器液压系统提供具有一定压力的自动变速器油。

A. 油泵　　B. 变矩器　　C. 油底壳　　D. 行星齿轮机构

122. 单级主减速器由(　　)齿轮组成。

A. 一对圆锥　　B. 两对圆锥　　C. 一对圆柱　　D. 一组行星

123. 汽车转弯时,差速器中的行星齿轮(　　)。

A. 只公转　B. 只自转　C. 既公转又自转　D. 既不公转也不自转

124. 根据《汽车驱动桥修理技术条件》(GB 8825—88)技术要求,圆锥主、从动齿轮啮合间隙为(　　)。

A. 0.15～0.25 mm　B. 0.15～0.35 mm　C. 0.15～0.45 mm　D. 0.15～0.50 mm

125. 根据《汽车驱动桥修理技术条件》(GB 8825—88)技术要求,圆锥主、从动齿轮(　　)为0.15～0.50 mm。

A. 长度　B. 宽度　C. 厚度　D. 啮合间隙

126. 当作用力很容易地由方向盘经转向器传到转向摇臂,而转向摇臂所受路面冲击也比较容易地经转向盘传到方向盘,这种转向器被称为(　　)转向器。

A. 可逆式　B. 不可逆式　C. 极限可逆式　D. 齿轮条式

127. 桑塔纳 2000、一汽奥迪、神龙富康轿车的转向系均采用(　　)。

A. 液压助力　B. 循环球式　C. 齿轮齿条式　D. 指销式

128. 桑塔纳 2000 型轿车的前束值为(　　)。

A. −1～3 mm　B. 2～4 mm　C. 5～8 mm　D. −1～1 mm

129. 甲说:对减振器性能的检查应该在普通工具上进行;乙说:一般情况下可通过外观检查有无漏油的地方。你认为二者中正确的是(　　)。

A. 甲　B. 乙　C. 二者都正确　D. 二者都不正确

130. 真空增压制动传动装置比液压制动机构多装了一套真空增压系统,下列(　　)不是真空增压系统组成部分。

A. 加力气室　B. 辅助缸　C. 控制阀　D. 主缸

131. 下列选项中(　　)不是行驶跑偏的原因。

A. 两前轮胎气压差过大或磨损程度不一致

B. 前桥变形

C. 前轮前束过大或过小

D. 车架变形或铆钉松动

132. 动力转向液压助力系统转向助力泵损坏会导致(　　)。

A. 不能转向　B. 转向沉重　C. 制动跑偏　D. 行驶跑偏

133. 下列选项中(　　)是汽车动力转向左右转向力不一致的原因。

A. 分配阀反作用弹簧过软或损坏　B. 缺液压油或滤油器堵塞

C. 滑阀内有脏物阻滞　D. 油泵磨损

134. 关于悬架系统损坏引起的常见故障,甲认为:轮胎异常磨损只是悬架系统损坏引起的;乙认为:车身倾斜是原因之一;丙认为:汽车行驶跑偏是原因之一。看法正确的是(　　)。

A. 甲和乙　B. 乙和丙　C. 丙和甲　D. 以上三者均错

135. 下列选项中(　　)是车身倾斜的原因。

A. 后桥异响　B. 主销变形

C. 车架轻微变形　D. 单侧悬挂弹簧弹力不足

136. 下列选项中(　　)是轮胎异常磨损的原因。

A. 减振器性能减弱　B. 连接销松动

C. 减振器损坏　D. 单侧悬挂弹簧弹力不足

137. 下列选项中(　　)是气压正常，但气压制动系制动失效的原因。
A. 空气压缩机损坏或供气量小　　B. 空气压缩机传动带打滑
C. 制动器室膜片破裂　　D. 单向阀卡滞或制动管路堵塞

138. 下列选项中(　　)是气压制动跑偏的原因。
A. 制动总泵、制动踏板行程调整不当　　B. 空气压缩机传动带打滑
C. 制动阀调整不当　　D. 两前轮轮胎气压不一致

139. 下列选项中(　　)是制动拖滞的原因。
A. 制动踏板轴卡滞
B. 两后轮制动间隙不一致
C. 两后轮制动气室之一制动管路或接头漏气
D. 后桥悬架弹簧弹力不一致

140. 下列选项中(　　)是液压制动系统卡死的原因。
A. 液压制动系统中有空气
B. 总泵旁通孔或回油孔堵塞
C. 总泵皮碗、密封胶圈老化、发胀或翻转
D. 制动蹄片磨损过量

141. 进行汽车二级维护前，检测分电器重叠角，国家标准规定分电器重叠角应不大于(　　)。
A. 3°　　B. 5°　　C. 7°　　D. 9°

142. 充氟试漏是向系统充注氟利昂蒸汽，使系统压力高达(　　)，然后用卤素灯检漏仪检漏。
A. 0.15 MPa　　B. 0.25 MPa　　C. 0.35 MPa　　D. 0.45 MPa

143. 按蓄电池生产厂家的要求或气温条件，在蓄电池内加注规定密度的电解液，静置 6～8 h 后，再将液面高度调整到高出极板(或防护片)顶部(　　)。
A. 5～10 mm　　B. 10～15 mm　　C. 15～20 mm　　D. 20～25 mm

144. 为确保安全，更换点火模块前应采取的措施是(　　)。
A. 拆下蓄电池负极导线　　B. 拆下蓄电池正极导线
C. 拆下蓄电池　　D. 关闭点火开关

145. 启动机换向器圆周上径向跳动量超过 0.05 mm，应在(　　)上修复。
A. 车床　　B. 压力机　　C. 磨床　　D. 铣床

146. 电压调节器触点控制的电流是发电机的(　　)。
A. 励磁电流　　B. 电枢电流　　C. 充电电流　　D. 点火电压

147. 发电机转子端隙应不大于(　　)。
A. 0.10 mm　　B. 0.20 mm　　C. 0.25 mm　　D. 0.30 mm

148. 下列选项中(　　)类制冷剂包括 R11、R12、R13、R113、R114、R115 等。
A. CFA　　B. CFB　　C. CFC　　D. CFD

149. 汽车空调系统中，电磁离合器的作用是用来控制(　　)之间的动力传递。
A. 发动机与电磁离合器　　B. 发动机与压缩机
C. 压缩机与电磁离合器　　D. 压缩机与启动机

150. 关于蒸发器，甲说制冷剂在此吸热并蒸发；乙说载热空气被强迫通过蒸发器的组件从而吸收空气热量。你认为以上观点(　　)。
A. 甲正确　　B. 乙正确　　C. 甲乙都正确　　D. 甲乙都不正确

151. 关于启动机运转无力故障的原因，甲说启动机运转无力的原因可能是蓄电池亏电太多；乙说启动机运转无力的原因可能是启动电路接头松动。你认为以上观点(　　)。

A. 甲正确　　B. 乙正确　　C. 甲乙都正确　　D. 甲乙都不正确

152. 关于高压无火故障，甲说高压无火故障的原因可能是点火线圈初级线圈断路；乙说高压无火故障的原因可能是点火线圈初级线圈短路。你认为以上观点(　　)。

A. 甲正确　　B. 乙正确　　C. 甲乙都正确　　D. 甲乙都不正确

153. 关于发电机异响故障，甲说发电机异响故障的原因可能是转子与定子之间碰擦；乙说发电机异响故障的原因可能是发电机风扇或传动带盘与壳体碰撞。你认为以上观点(　　)。

A. 甲正确　　B. 乙正确　　C. 甲乙都正确　　D. 甲乙都不正确

154. 关于喇叭不响故障，甲说喇叭不响故障的原因可能是继电器触点烧蚀；乙说喇叭不响故障的原因可能是气隙过大。你认为以上观点(　　)。

A. 甲正确　　B. 乙正确　　C. 甲乙都正确　　D. 甲乙都不正确

155. 关于喇叭触点经常烧坏故障，甲说喇叭触点经常烧坏故障的原因可能是电容量过大；乙说喇叭触点经常烧坏故障的原因可能是电容断路。你认为以上观点(　　)。

A. 甲正确　　B. 乙正确　　C. 甲乙都正确　　D. 甲乙都不正确

156. 关于空调压缩机不运转故障，甲说空调压缩机不运转故障的原因可能是空调系统内无制冷剂；乙说空调压缩机不运转故障的原因可能是传动皮带过松。你认为以上观点(　　)。

A. 甲正确　　B. 乙正确　　C. 甲乙都正确　　D. 甲乙都不正确

157. 下列选项中(　　)导致所有电动车窗都不能升降。

A. 熔断器故障　　B. 前乘客侧开关故障

C. 左后乘客侧开关故障　　D. 右后乘客侧开关故障

158. 下列选项中(　　)导致所有电动座椅都不能动。

A. 熔断器故障　　B. 驾驶员侧开关故障

C. 左后乘客侧开关故障　　D. 右后乘客侧开关故障

159. 下列选项中(　　)不会导致所有电动后视镜都不能动。

A. 熔断器故障　　B. 开关故障

C. 搭铁不良　　D. 左侧后视镜电动机故障

160. 下列选项中(　　)不能导致所有电动车门锁都不工作。

A. 熔断器故障　　B. 开关故障

C. 搭铁不良　　D. 左侧车门锁开关故障

得　分	
评分人	

二、判断题(第 161～200 题，每题 0.5 分，共 20 分)

(　　) 161. 自动变速器内的离合器的作用是将某一执行元件固定。

(　　) 162. 进行自动变速器失速试验时，时间不得超过 60 s。

(　　) 163. 差速器可保证两侧驱动轮在任何道路条件下均能保持纯滚动和等角速转动。

(　　) 164. 主减速器主从动锥齿轮的啮合印痕的要求是正车面较倒车面要高。
(　　) 165. 等速万向节只能用于转向驱动桥的半轴上。
(　　) 166. 检查传动轴花键轴与滑动叉花键的配合间隙，最大不得超过 0.4 mm。
(　　) 167. 直拉杆应无明显变形，横拉杆的直线度公差为 1.5 mm。
(　　) 168. 为减小行驶阻力，汽车多采用实心轮胎。
(　　) 169. 一般助势蹄的制动力矩为减势蹄的 5 倍。
(　　) 170. 桑塔纳 2000 型轿车前轮采用的是浮动钳型盘式制动器。
(　　) 171. 转向器转向轴弯曲或管柱凹瘪相互摩擦是转向沉重的原因之一。
(　　) 172. 转向器啮合间隙过大是引起低速打摆现象的原因之一。
(　　) 173. 流量控制阀被卡住是动力转向方向发飘或跑偏的原因之一。
(　　) 174. 弹簧折断是行驶中有撞击声或异响的原因之一。
(　　) 175. 前悬挂移位只是汽车行驶跑偏的原因。
(　　) 176. 单侧悬挂弹簧弹力不足是制动跑偏、甩尾的原因之一。
(　　) 177. 空气压缩机损坏或供气量小是无气压或气压低引起气压制动系制动失效的原因之一。
(　　) 178. 制动阀调整不当是气压制动系统制动不良的唯一原因。
(　　) 179. 两后轮制动气室之一制动管路或接头漏气是制动甩尾的原因之一。
(　　) 180. 总泵皮碗、密封胶圈老化、发胀或翻转是液压制动系制动不良的原因之一。
(　　) 181. 进行汽车二级维护前，检查发动机的转速为 1 200 r/min 时，单缸发动机断火转速下降应不小于 50 r/min。
(　　) 182. 为保证车辆顺利启动，启动电流稳定值应该为 100～150 A。
(　　) 183. 当电解液相对密度低于标准值时，应补加稍高相对密度的电解液并充电调整。
(　　) 184. 一般技术状况良好的蓄电池，单格电压应在 1.5 V 以上，并在 5 s 内保持稳定。若 5 s 内下降至 1.7 V，说明存电量足。
(　　) 185. 每次接通汽车启动机时间不得超过 5 s。
(　　) 186. 东风 EQ1090 型汽车启动机空转试验时，转速不低于 3 000 r/min，电流不大于 90 A，电压为 12 V。
(　　) 187. 硅整流发电机利用硅二极管整流。
(　　) 188. 在蒙特利尔协议书中 CFC12 被列为首批禁用物质。
(　　) 189. 一般维修时，压缩机总成是不解体的。
(　　) 190. 如发现空调压缩机排气压力过低，不能正常制冷，冷凝器导管外部有结霜、结冰现象，说明冷凝器导管内部脏堵。
(　　) 191. 电压调节器有关线路板松动导致充电电流不稳。
(　　) 192. 火花塞间歇性跳火的原因是点火电压不足。
(　　) 193. 低速断火故障的原因可能是电容器工作不良。
(　　) 194. 启动机不能与飞轮结合故障，对于电磁控制式启动机，主要检查主回路接触盘的行程是否过大。
(　　) 195. 喇叭声响不正常故障的原因可能是蓄电池存电不足。
(　　) 196. 喇叭继电器“按钮”接柱至按钮之间连线外绝缘皮磨破而搭铁不会导致喇叭长鸣故障。

(　　)197. 蒸发器传感器故障不会导致空调压缩机不运转故障。

(　　)198. 冷却水温升高到95～105 ℃以上时,水温过高报警灯报警开关的双金属片变形,触点闭合,报警灯亮。

(　　)199. 当发动机机油压力正常时,机油压力过低报警灯报警开关触点闭合,报警灯亮。

(　　)200. 当汽车气压制动系统储气筒内的气压高于0.45 MPa以上时,气压不足,报警灯报警开关触点分开,报警灯不亮。

汽车修理工(中级)理论知识试卷答案

一、单项选择题

1. C	2. B	3. D	4. D	5. A	6. C	7. C	8. D	9. C	10. D
11. C	12. A	13. C	14. D	15. B	16. A	17. D	18. A	19. D	20. B
21. C	22. D	23. C	24. D	25. C	26. D	27. C	28. A	29. D	30. D
31. D	32. B	33. A	34. D	35. D	36. B	37. C	38. C	39. C	40. C
41. D	42. D	43. A	44. C	45. A	46. A	47. B	48. C	49. B	50. B
51. B	52. B	53. A	54. A	55. B	56. B	57. C	58. C	59. C	60. A
61. D	62. C	63. D	64. B	65. B	66. C	67. B	68. B	69. A	70. D
71. B	72. B	73. A	74. A	75. A	76. C	77. C	78. A	79. C	80. A
81. D	82. B	83. D	84. D	85. C	86. C	87. C	88. A	89. C	90. B
91. D	92. A	93. B	94. A	95. C	96. C	97. B	98. B	99. C	100. C
101. A	102. B	103. A	104. C	105. D	106. D	107. B	108. B	109. B	110. B
111. C	112. D	113. B	114. D	115. B	116. A	117. B	118. B	119. A	120. B
121. A	122. A	123. C	124. D	125. D	126. A	127. C	128. A	129. B	130. D
131. D	132. B	133. C	134. B	135. D	136. D	137. C	138. D	139. A	140. B
141. A	142. C	143. B	144. D	145. A	146. A	147. B	148. C	149. B	150. C
151. C	152. C	153. C	154. A	155. C	156. C	157. A	158. A	159. D	160. D

二、判断题

161. ×	162. ×	163. ×	164. √	165. ×	166. √	167. ×	168. ×	169. ×	170. √
171. √	172. √	173. √	174. √	175. ×	176. √	177. √	178. ×	179. √	180. √
181. ×	182. √	183. √	184. ×	185. √	186. ×	187. √	188. √	189. √	190. ×
191. √	192. √	193. √	194. ×	195. √	196. ×	197. ×	198. √	199. ×	200. √

第二部分 操作技能

第一章 考情观察

考核思路

根据《汽车修理工国家职业标准》对实操考核的要求，中级在实操方面应能熟练完成以下工作任务：

（1）发动机维护作业。

（2）发动机修理及故障诊断。

（3）汽车底盘维护。

（4）汽车底盘故障诊断与排除。

（5）汽车电气设备维护与故障排除。

（6）指导初级工进行技能操作。

（7）安全技术培训。

专业能力鉴定的命题原则：

（1）强调实际专业能力的具体应用性，注重所鉴定内容在实际工作中的基础性和关键性作用。

（2）灵活采用多样化的方式，有效地组织专业能力命题，尽可能做到鉴定实施的可行性和有效性。

（3）尽可能地按照汽车修理工的要求，依据汽车修理工（中级）岗位胜任特征，检测从业者的实际职业能力水平。

组卷方式

根据《汽车修理工国家职业标准》对实操考核的要求，本职业等级依据实操工作内容，设置五个考核模块：发动机维护模块、发动机修理及故障诊断模块、汽车底盘维护模块、汽车底盘故障诊断与排除模块和汽车电气设备维护与故障排除模块，每个模块中有多道考题可供选择。进行技能鉴定时，可根据各鉴定实施单位实际情况在鉴定考核范围内，由计算机根据《操作技能考核内容结构表》和《操作技能鉴定要素细目表》的结构特征，从各考核模块中选择题目，组成实操考核试卷。试卷组成后应请专家审核，更换不适用的试题，组成正式考核试卷。

试卷结构

依据《汽车修理工国家职业标准》的要求，中级汽车修理工操作技能包含以下五个模块：

序号	鉴定模块	鉴定比重	考核时间 / min
1	发动机维护	15%	30
2	发动机修理及故障诊断	25%	30
3	汽车底盘维护	15%	30
4	汽车底盘故障诊断与排除	25%	30
5	汽车电气设备维护与故障排除	20%	30

职业技能鉴定国家题库操作技能试卷一般由以下三部分内容构成：

（1）操作技能考核准备通知单。分为鉴定机构准备通知单和考生准备通知单。在考核前分别发给考核实施单位和考生。内容为考核所需场地、设备、材料、工具及其他准备要求。

（2）操作技能考核试卷正文。内容为操作技能考核试题，包括试题名称、试题分值、考核时间、考核形式、具体考核要求等。

（3）操作技能考核评分记录表。内容为操作技能考核试题配分与评分标准，用于考评员评分记录。主要包括各项考核内容、考核要点、配分与评分标准、否定项及说明、考核分数加权汇总方法等。必要时还包括总分表，即记录考生本次操作技能考核所有试题成绩的汇总表。

考核时间与要求

（1）考核时间。

按《汽车修理工国家职业标准》的要求，本职业中级操作技能各模块考核时间为 30 min。

（2）考核要求。① 能熟练选择运用各种维修工具；② 能按照工艺规程、步骤顺利完成考核项目；③ 能熟练运用各种测量仪器设备，并能对测量数据进行分析；④ 各考核项目完成后能进行正确检验；⑤ 整理清洁工作场地；⑥ 考生在操作技能考核过程中要遵守考场纪律，认真执行操作规程，防止出现人身和设备安全事故。

第二章 考核结构与鉴定要素细目表

考核内容结构表

本内容结构表根据《汽车修理工国家职业标准》的要求，将汽车修理工(中级)的全部考核内容划分为：发动机维护、发动机修理及故障诊断、汽车底盘维护、汽车底盘故障诊断与排除和汽车电气设备维护与故障排除5个模块，并在各模块下标有鉴定比重、鉴定时间和鉴定方式，考核时需按考核内容结构表要求组成考核试卷。汽车修理工(中级)操作技能考核内容结构见表2-2-1。

表2-2-1 汽车修理工(中级)操作技能考核内容结构表

序号	试题名称	鉴定模块	鉴定比重	鉴定时间	鉴定方式
1	二级维护前发动机的检测项目与附加作业的确定	发动机维护	15%	30 min	实 操
2	发动机二级维护作业				
3	零件的检验与分类	发动机修理及故障诊断	25%	30 min	实 操
4	配气机构的检修				
5	气缸体与曲柄连杆机构的检修				
6	燃油与进气系统的检修				
7	冷却润滑系统的检修				
8	点火系统的维修				
9	发动机故障诊断与排除				
10	二级维护前底盘的检测与附加作业的确定	汽车底盘维护	15%	30 min	实 操
11	底盘二级维护附加作业				
12	离合器的检修	汽车底盘故障诊断与排除	25%	30 min	实 操
13	手动变速器的检修				
14	自动变速器的检修				
15	驱动桥的检修				
16	万向传动装置的检修				
17	机械转向器的检修				
18	汽车行驶系统的检修				
19	汽车制动系统的检修				
20	汽车底盘故障诊断与排除				
21	二级维护前汽车电气设备的检测与附加作业的确定	汽车电气设备维护与故障排除	20%	30 min	实 操
22	汽车电气二级维护附加作业				
23	启动机的检修				

续表 2-2-1

序号	试题名称	鉴定模块	鉴定比重	鉴定时间	鉴定方式
24	发电机的检修	汽车电气设备维护与故障排除	20%	30 min	实　操
25	空调制冷系统的检修				
26	仪表的检修				
27	电气设备故障诊断与排除				
合　计			100%	150 min	

鉴定要素细目表

鉴定要素细目表是试题库总体结构和考核内容结构表的具体表现形式,该表按照考核要求分别列出各模块鉴定点,模块下的"鉴定点"即为技能考核试题。汽车修理工(中级)操作技能鉴定要素细目表见表 2-2-2。

表 2-2-2　汽车修理工(中级)操作技能鉴定要素细目表

鉴定范围(一级)		鉴定范围(二级)		鉴定点	
代码	名　称	代码	名　称	代码	名　称
A	发动机维修	A	二级维护前发动机的检测项目与附加作业的确定	001	点火提前角的检测
				002	点火高压的检测
				003	发动机无负荷时的功率检测
				004	发动机气缸压缩压力的检测
				005	发动机曲轴箱窜气量的检测
				006	汽油机燃油压力的检测
				007	柴油机喷油压力的检查
				008	柴油机供油提前角的检测
				009	发动机机油压力和机油品质的检测
				010	发动机启动电压、启动电流的检测
		B	发动机二级维护作业	001	气门座圈修配
				002	气门的更换
				003	活塞环的检验与装配及技术要求
				004	曲轴轴承间隙的检查与调整
				005	曲轴轴向间隙的检查与调整
				006	连杆轴承间隙的检查与调整
				007	飞轮齿圈的检查与拆装
				008	喷油泵供油提前角的调整
B	发动机修理及故障诊断	A	零件的检验与分类	001	气缸体的检验
				002	气缸盖的检验

续表2-2-2

鉴定范围(一级)		鉴定范围(二级)		鉴定点	
代码	名　称	代码	名　称	代码	名　　称
B	发动机修理及故障诊断	A	零件的检验与分类	003	曲轴、凸轮轴的检验
		B	配气机构的检修	001	气门的检修与检验
				002	配气机构的装配与检验
				003	正时齿轮、正时带的检查与拆装
		C	气缸体与曲柄连杆机构的检修	001	测量气缸的磨损量、确定修理尺寸
				002	测量曲轴主轴颈的磨损、选配曲轴轴承
				003	连杆的弯曲、扭曲变形检测及连杆的校正
				004	选配活塞
				005	活塞连杆组的装配
				006	曲轴飞轮组的拆装与检查
				007	发动机曲柄连杆机构的装配与调整
		D	燃油与进气系统的检修	001	检测、更换电动汽油泵
				002	检测、清洁、更换喷油器
				003	检测、调整怠速控制系统
				004	检测、更换空气流量计
				005	检测、更换进气温度传感器
				006	检测、更换冷却液温度传感器
				007	检测、更换节气门位置传感器
				008	检测、更换EGR阀及曲轴箱通风阀
		E	冷却润滑系统的检修	001	检测、更换节温器
				002	硅油风扇离合器的检测
				003	检修水泵
				004	机油压力及机油泵检修
		F	点火系统的维修	001	点火系电路的检测
				002	点火线圈的检测
				003	火花塞的检测与更换
		G	发动机故障诊断与排除	001	诊断与排除发动机启动困难故障
				002	诊断与排除发动机不能启动故障
				003	诊断与排除发动机动力不足故障
				004	诊断与排除电控发动机怠速不良故障
				005	诊断与排除发动机爆震故障
				006	诊断与排除连杆轴承异响故障
				007	诊断与排除正时齿轮(齿带、链条)异响故障

续表2-2-2

鉴定范围(一级)		鉴定范围(二级)		鉴定点	
代码	名称	代码	名称	代码	名称
B	发动机修理及故障诊断	G	发动机故障诊断与排除	008	诊断与排除气门异响故障
				009	诊断与排除发动机温度过高故障
C	汽车底盘维护	A	二级维护前底盘的检测与附加作业的确定	001	前轮定位的检测
				002	检查与调整前轮转向角
				003	转向轮侧滑量的检测
				004	汽车制动性能的检测
				005	底盘主要机构技术状况的检测
				006	车轮动平衡和轮胎磨损的检测
		B	底盘二级维护附加作业	001	检查、更换手动变速器同步器
				002	变速器盖的拆装、检查
				003	检查及更换自锁、互锁装置,拨叉及拨叉轴
D	汽车底盘故障诊断与排除	A	离合器的检修	001	检查、更换膜片式离合器从动盘
				002	检查、更换膜片式离合器压盘
				003	检查、调整离合器操纵机构
		B	手动变速器的检修	001	变速器输入轴、输出轴、中间轴和倒挡轴的检修
				002	变速器换挡操纵机构的检修
				003	变速器齿轮的检修
				004	变速器同步器的检修
				005	变速器拨叉轴及锁止装置的检修
				006	变速器总成的装配与调整
		C	自动变速器的检修	001	自动变速器联动装置的调整
				002	自动变速器油的更换
				003	自动变速器总成的组装
				004	自动变速器液力变矩器的检修
				005	自动变速器液压试验
				006	自动变速器失速试验
				007	自动变速器时滞试验
		D	驱动桥的检修	002	主减速器主动齿轮、从动齿轮的检测
				002	差速器齿轮、齿轮轴、止推垫圈和壳体的检查与调整
				003	主减速器的调整
		E	万向传动装置的检修	001	万向节的检修
				002	传动轴的检修
				003	中间支撑轴轴承的检修
				004	传动轴总成的装配

续表2-2-2

鉴定范围(一级)		鉴定范围(二级)		鉴定点	
代码	名　称	代码	名　称	代码	名　称
D	汽车底盘故障诊断与排除	F	机械转向器的检修	001	转向器主要零件的检修
				002	机械转向器的拆卸与分解
		G	汽车行驶系统的检修	001	前、后悬架系统螺旋弹簧的检查与更换
				002	前、后悬架系统钢板弹簧及其固定件的检查与更换
				003	前悬架滑柱支座及其固定件的检查和更换
				004	检查与更换减振器、固定件和衬套
				005	鼓式制动器的检查、装配与调整
		H	汽车制动系统的检修	001	鼓式制动器主要部件的检修
				002	气压制动控制阀的检修
				003	空气压缩机的检修
				004	盘式制动器的拆装
				005	盘式制动器的检修与调整
				006	液压制动主缸和制动轮缸的检修
				007	真空助力器的检查
				008	驻车制动装置的检修
		I	汽车底盘故障诊断与排除	001	汽车离合器异响的诊断及排除
				002	汽车变速器异响的诊断与排除
				003	汽车万向传动装置异响的诊断与排除
				004	汽车后桥异响的诊断与排除
				005	转向沉重故障的诊断与排除
				006	动力转向沉重故障的诊断与排除
				007	悬架系统损坏引起的常见故障诊断与排除
				008	制动跑偏、侧滑故障的诊断与排除
				009	轮胎异常磨损故障的诊断与排除
				010	减振器失效故障的诊断与排除
				011	制动拖滞故障的诊断与排除
E	汽车电气设备维护与故障排除	A	二级维护前汽车电气设备的检测与附加作业的确定	001	空调技术状况的检查
				002	空调制冷系统抽真空
				003	空调制冷系统制冷剂的加注
		B	汽车电气二级维护附加作业	001	蓄电池技术状况的检查
				002	蓄电池的充电
		C	启动机的检修	001	启动机总成的拆卸、分解
				002	启动机的组装与检测
				003	启动机的检修

续表 2-2-2

鉴定范围(一级)		鉴定范围(二级)		鉴定点	
代码	名称	代码	名称	代码	名称
E	汽车电气设备维护与故障排除	D	发电机的检修	001	发电机的拆卸与分解
				002	发电机的检修
				003	发电机的组装与检测
		E	空调制冷系统的检修	001	空调制冷系统主要部件的检修
				002	空调制冷系统性能检测
		F	仪表的检修	001	电流表的检修
				002	水温表的检修
				003	机油压力表的检修
				004	燃油表的检修
				005	车速里程表的检修
		G	电气设备故障诊断与排除	001	充电电流不稳故障的诊断与排除
				002	启动机运转无力故障的诊断与排除
				003	火花塞间歇性跳火故障的诊断与排除
				004	高压无火故障的诊断与排除
				005	低速断火故障的诊断与排除
				006	发电机异响故障的诊断与排除
				007	启动机不能与飞轮结合故障的诊断
				008	008 喇叭常见故障的诊断与排除
				009	空调压缩机不运转故障的诊断与排除
				010	空调压缩机不停转故障的诊断与排除
				011	水温过高报警灯故障的诊断与排除
				012	机油压力过低报警灯故障的诊断与排除
				013	气压不足报警灯故障的诊断与排除
				014	燃油不足报警灯故障的诊断与排除
				015	蓄电池液面过低报警灯故障的诊断与排除
				016	电子显示装置知识
				017	电动车窗故障的诊断与排除
				018	电动座椅故障的诊断与排除
				019	电动后视镜故障的诊断与排除
				020	中央门锁常见故障的诊断与排除

第三章　模拟试卷

职业技能鉴定国家题库

汽车修理工（中级）操作技能考核准备通知单（考场）

试题一

设备及仪器准备。

序号	名　称	规　格	单位	数量	备注
1	汽车		辆	1	
2	汽车排气分析仪		台	1	

试题二

（1）设备及工具准备。

序号	名　称	规　格	单位	数量	备注
1	汽车		辆	1	
2	常用维修工具		套	1	
3	千斤顶		台	1	

（2）故障设置及选取原则。

序号	故障设置	选取原则
1	制动踏板自由行程过小或无自由行程	在所列故障中任意选取一项
2	制动主缸皮碗发胀，复位弹簧过软	
3	制动蹄摩擦片与制动鼓间隙过小，制动蹄复位弹簧过软、折断	

职业技能鉴定国家题库

汽车修理工（中级）操作技能考核准备通知单（考生）

试题一

工具及其他准备：劳动保护用品。

试题二

工具及其他准备:劳动保护用品。

职业技能鉴定国家题库

汽车修理工(中级)操作技能考核试卷

注 意 事 项

1. 本试卷依据2005年颁布的《汽车修理工国家职业标准》命制。
2. 请根据试题考核要求,完成考试内容。
3. 请服从考评人员指挥,保证考核安全顺利进行。

试题一　发动机排放检验

(1) 本题分值:55分。
(2) 考核时间:60 min
(3) 考核形式:实操。
(4) 具体考核要求:
① 能够正确使用汽车排气分析仪;
② 能够对排放的尾气进行检验。
(5) 否定项说明:出现重大事故不得分。

试题二　诊断与排除制动拖滞故障

(1) 本题分值:45分。
(2) 考核时间:60 min
(3) 考核形式:实操。
(4) 具体考核要求:
① 按程序进行制动拖滞故障的诊断与排除。
② 能正确地判断分析结果。
(5) 否定项说明:出现重大事故不得分。

职业技能鉴定国家题库

汽车修理工(中级)操作技能考核评分记录表

总成绩表

序号	试题名称	配分	得分	权重	最后得分	备注
1	发动机排放检验	55				

续表

序号	试题名称	配分	得分	权重	最后得分	备注
2	诊断与排除制动拖滞故障	45				
合　计		100				

统分人：　　　　年　　月　　日

试题一　发动机排放检验

序号	作业项目	考核内容	配分	评分标准	考核记录	扣分	得分
1	穿戴劳动保护用品	劳动保护用品穿戴齐全	5	劳保用品穿戴不全不得分			
2	正确选用工具、量具、材料	工具、量具、材料准备齐全	5	缺一件扣1分，选错一件扣1分，扣完为止			
3	仪器准备	仪器准备、仪器校准	15	仪器准备不充分扣5分；仪器校准错误扣5分；仪器没有校准扣5分			
4	车辆准备	车辆准备情况	15	车辆准备不充分扣15分			
5	检测方法	检测方法和检测结果	25	检测方法一处错误扣5分，共20分；检测结果错误扣5分			
6	分析	根据检测结果进行正确分析	10	分析不正确扣10分			
7	正确使用工具、用具	工具、用具使用正确	10	一种工具、用具使用不正确扣2分，扣完为止；损坏丢失一件工具、用具不得分			
8	操作规程	操作规程的执行情况	10	违反操作规程不得分			
9	清理现场	清理、擦洗并回收工具、用具	5	少收一件工具、用具扣1分，扣完为止			
总　计			100				
否定项：出现重大事故不得分							

评分人：　　　　年　　月　　日　　　　核分人：　　　　年　　月　　日

试题二　诊断与排除制动拖滞故障

序号	作业项目	考核内容	配分	评分标准	考核记录	扣分	得分
1	穿戴劳动保护用品	劳动保护用品穿戴齐全	5	劳保用品穿戴不全不得分			

续表

序号	作业项目	考核内容	配分	评分标准	考核记录	扣分	得分
2	正确选用工具、量具、材料	工具、量具、材料准确齐全	5	缺一件扣1分,选错一件扣1分,扣完为止			
3	根据故障现象分析故障原因	运用正确的方法确认故障,分析产生故障的原因	25	故障确认不准确扣5～10分,分析原因不相关扣4～15分,每少说一项扣5分,扣完为止			
4	诊断故障	运用正确的方法诊断故障	25	诊断方法错误扣5～10分,诊断步骤每错一步扣5～10分,诊断结果错误不得分,扣完为止			
5	排除故障	运用正确的方法排除故障	20	不能排除故障扣20分,自制一处故障扣5分,扣完为止			
6	验证排除效果	按照要求验证排除效果	5	验证方法不当扣1～5分,不进行验证扣5分,扣完为止			
7	正确使用工具、用具	工具、用具使用正确	5	一种工具、用具使用不正确扣1分,扣完为止;损坏丢失一件工具、用具不得分			
8	操作规程	操作规程执行情况	5	违反操作规程不得分			
9	清理现场	清理、擦洗并回收工具、用具	5	少收一件工具、用具扣1分,扣完为止;未收回不得分			
总		计	100				
否定项:出现重大事故不得分							

评分人:　　　　年　　月　　日　　　　核分人:　　　　年　　月　　日

参 考 文 献

1 张吉国. 汽车修理工(第2版)(基础知识). 北京:中国劳动社会保障出版社,2007.
2 张吉国. 汽车修理工(第2版)(中级). 北京:中国劳动社会保障出版社,2007.
3 张吉国. 汽车修理工(第2版)(高级)国家职业资格培训教程配套辅导练习. 北京:中国劳动社会保障出版社,2007.
4 吕烨,许德珠. 机械工程材料(第三版). 北京:高等教育出版社,2008.
5 张贺隆,王军. 汽车发动机机械系统检修. 北京:北京理工大学出版社,2010.
6 张翠. 汽车发动机构造与维修. 北京:北京理工大学出版社,2010.
7 沈锦. 汽车底盘构造与检修. 北京:机械工业出版社,2009.
8 胡光辉. 汽车电气设备构造与检修. 北京:机械工业出版社,2007.
9 王世铮,覃娅娟. 汽车故障诊断技术. 北京:北京理工大学出版社,2009.